NAVEGANDO POR LA NUEVA FRONTERA: LA IA GENERATIVA EN LOS NEGOCIOS

Aprovechar la innovación, impulsar el crecimiento y transformar las operaciones en la era de la IA

Rick Abbott

La mejor manera de predecir el futuro es crearlo.

— Peter Drucker

Para Randalle

PREFACIO

La IA generativa (GenAI) no es solo un avance tecnológico, es un cambio de paradigma que está remodelando la forma en que las empresas operan, innovan y compiten. Durante siglos, el ingenio humano ha impulsado el progreso. Hoy, nos encontramos al borde de una nueva frontera en la que la inteligencia artificial aumenta y amplifica ese ingenio, permitiendo posibilidades que antes parecían ciencia ficción.

Este libro, *Navigating the New Frontier: Generative AI in Business*, es tanto una guía como una llamada a la acción para líderes empresariales, tecnólogos e innovadores que buscan comprender y aprovechar el poder transformador de esta tecnología de vanguardia. La aparición de la GenAI (sistemas capaces de crear contenido, sintetizar ideas y realizar tareas con una creatividad similar a la humana) marca un punto de inflexión en la forma en que las organizaciones abordan la resolución de problemas y la creación de valor.

GenAI ya está dejando su huella en todas las industrias. Desde la elaboración de campañas de marketing personalizadas hasta la automatización de flujos de trabajo complejos e incluso el diseño de productos completamente nuevos, sus aplicaciones potenciales son vastas y variadas. Sin embargo, un gran poder conlleva una gran responsabilidad. La integración de la GenAI en los ecosistemas empresariales plantea importantes cuestiones éticas, legales y regulatorias. ¿Cómo garantizamos la transparencia y la equidad en los resultados generados por la IA? ¿Cómo abordamos los problemas de propiedad intelectual? Y, quizás lo más importante, ¿cómo logramos un equilibrio entre aprovechar las capacidades de la IA y preservar el toque humano que es fundamental para cualquier empresa significativa?

Este libro es la culminación de años de investigación, observación y conocimientos prácticos recopilados al trabajar con organizaciones en varias etapas de su viaje de adopción de la IA. Su objetivo es desmitificar la GenIA, proporcionando no solo una introducción accesible a sus conceptos fundamentales, sino también estrategias prácticas para su implementación. Tanto si es un ejecutivo que explora formas de impulsar la eficiencia, como si es un profesional del marketing que busca herramientas innovadoras de interacción con el cliente o un profesional de TI que navega por las complejidades de la integración de la IA, este libro está diseñado para encontrarse con usted donde se encuentre y equiparlo para el camino que tiene por delante.

La estructura del libro refleja un enfoque holístico para comprender y aplicar la GenAI en los negocios. Comienza con una perspectiva histórica sobre la inteligencia artificial y avanza a través de marcos prácticos, consideraciones éticas y aplicaciones específicas de la función empresarial. Cada capítulo se basa en el anterior, culminando en un debate prospectivo sobre las tendencias y oportunidades futuras. Los estudios de casos y los ejemplos del mundo real ilustran los principios en acción, ofreciendo ideas que son tanto aspiracionales como prácticas.

El título de este libro, Navegando por la nueva frontera, refleja el viaje que nos espera a todos. Al igual que los exploradores de antaño que cartografiaron territorios desconocidos, los líderes de hoy deben navegar por un paisaje que es a la vez estimulante e incierto. GenAI no es un destino, sino una herramienta que, cuando se maneja con cuidado, tiene el poder de desbloquear niveles sin precedentes de innovación y productividad.

A medida que te embarcas en este viaje, te animo a que te acerques a GenAI con curiosidad y precaución. Reconoce su inmenso potencial, pero también sus limitaciones. Úsalo para mejorar la creatividad humana, no para reemplazarla. Y recuerde que el verdadero poder de cualquier tecnología no radica en la tecnología en sí, sino en cómo se aplica para satisfacer las necesidades humanas.

Las posibilidades son infinitas. Tracemos el rumbo juntos.

TABLA DE CONTENIDOS

INTRODUCCIÓN: LA IA GENERATIVA EN LOS NEGOCIOS

La inteligencia artificial ha sido durante mucho tiempo un punto focal de los avances tecnológicos, inspirando tanto fascinación como aprensión. Desde los primeros días de la lógica simbólica y los sistemas basados en reglas hasta el auge del aprendizaje automático y las redes neuronales, la IA ha evolucionado continuamente para satisfacer las demandas de un mundo en constante cambio. Hoy, nos encontramos en la cúspide de una nueva era: la era de la GenAI. A diferencia de sus predecesores, que se destacaron en el procesamiento y análisis de datos, GenAI posee una notable capacidad para crear, ya sea generando texto, produciendo imágenes, componiendo música o incluso diseñando sistemas completos. Esta capacidad creativa abre una gran cantidad de oportunidades para que las empresas innoven, se diferencien y prosperen.

¿Qué es GenAI?

GenAI se refiere a los sistemas de inteligencia artificial que pueden generar contenido novedoso basado en patrones y datos con los que han sido entrenados. A diferencia de la IA tradicional, que se centra en la clasificación, la predicción y la optimización, los modelos generativos se especializan en producir resultados nuevos y, a menudo, sorprendentes. En el corazón de esta capacidad se encuentran tecnologías como las redes generativas adversarias (GAN), los autocodificadores variacionales (VAE) y los grandes modelos de lenguaje como la serie GPT de OpenAI.

Lo que hace que GenAI sea tan revolucionaria es su capacidad para imitar la creatividad humana. Por ejemplo, puede escribir artículos atractivos, diseñar materiales de marketing e incluso crear prototipos de productos físicos. Al automatizar tareas que antes se pensaba que eran exclusivamente humanas, GenAI no solo está mejorando la productividad, sino que también está redefiniendo lo que es posible en el mundo empresarial.

¿Por qué GenAI es importante para las empresas?

En el entorno hipercompetitivo actual, las empresas buscan constantemente formas de destacar. GenAI proporciona una poderosa herramienta para hacer precisamente eso. Sus aplicaciones abarcan prácticamente todas las industrias y funciones:

- **Marketing y publicidad:** imagina lanzar campañas personalizadas a escala, cada una adaptada a las preferencias de los clientes individuales. GenAI puede crear contenido atractivo, diseñar anuncios visualmente impresionantes e incluso predecir las respuestas de los clientes a las iniciativas de marketing.
- **Experiencia del cliente:** Los chatbots y asistentes virtuales impulsados por IA pueden brindar soporte personalizado e inmediato, mejorando la satisfacción y la lealtad del cliente.
- **Desarrollo de productos:** Ya sea diseñando un nuevo producto u optimizando uno existente, GenAI puede agilizar el proceso creativo ofreciendo ideas y simulaciones innovadoras.
- **Operaciones y eficiencia:** Desde la automatización de tareas rutinarias hasta la generación de flujos de trabajo optimizados, GenAI está transformando la forma en que

operan las empresas, reduciendo costos y mejorando los resultados.

Sin embargo, todo este potencial conlleva complejidad. Las empresas no solo deben comprender la tecnología, sino también navegar por los desafíos éticos, legales y prácticos que presenta. Este libro tiene como objetivo equiparlo con el conocimiento y las herramientas para hacer precisamente eso.

El cambio de paradigma

La llegada de GenAI representa más que un avance tecnológico; Significa un cambio de paradigma en la forma en que pensamos sobre la creatividad, la innovación y la resolución de problemas. Durante décadas, las empresas han confiado en los humanos para impulsar la ideación y la ejecución, mientras que las máquinas se encargaban de las tareas repetitivas y analíticas. GenAI difumina estos límites, permitiendo que las máquinas contribuyan de manera significativa al proceso creativo.

Considere, por ejemplo, cómo GenAI ha transformado industrias como el entretenimiento y la moda. En Hollywood, las herramientas de IA se están utilizando para generar guiones gráficos y escribir guiones, lo que ofrece nuevas posibilidades para contar historias. En la moda, los diseños generados por IA están llegando a las pasarelas, mostrando estilos que superan los límites de la estética convencional. Los mismos principios se aplican a las industrias más tradicionales como la fabricación, la atención médica y las finanzas, donde GenAI se utiliza para diseñar equipos, desarrollar planes de tratamiento e incluso crear estrategias comerciales.

Los desafíos que se avecinan

Si bien las oportunidades son inmensas, el camino para integrar con éxito GenAI no está exento de obstáculos. Las organizaciones se enfrentan a varios retos clave:

- **Dependencia de datos: Los** modelos de GenAI requieren grandes cantidades de datos de alta calidad para funcionar de manera efectiva. Proteger y administrar estos datos puede ser un obstáculo importante.
- **Preocupaciones éticas:** GenAI puede producir inadvertidamente resultados sesgados, engañosos o dañinos.

Garantizar la equidad y la rendición de cuentas es fundamental.

- **Panorama regulatorio:** Los gobiernos y los organismos reguladores apenas están comenzando a lidiar con las implicaciones del contenido generado por IA. Las empresas deben mantenerse a la vanguardia de la evolución de los requisitos de cumplimiento.
- **Complejidad de la integración:** Implementar GenAI no es tan sencillo como pulsar un interruptor. Requiere una integración reflexiva con los sistemas, procesos y cultura existentes.

Este libro aborda estos desafíos de frente, ofreciendo información sobre cómo las empresas pueden superarlos al tiempo que maximizan los beneficios de la GenIA.

Una hoja de ruta para los lectores

Los capítulos siguientes proporcionan una exploración exhaustiva de la GenAI y su impacto en los negocios. El viaje comienza con una descripción histórica de la inteligencia artificial, preparando el escenario para una comprensión más profunda de cómo llegamos a este momento crucial. A partir de ahí, profundizamos en marcos prácticos, consideraciones éticas y aplicaciones detalladas en funciones empresariales clave, como marketing, finanzas, operaciones y gestión del talento.

Los estudios de casos del mundo real y las estrategias prácticas se entretejen en todo momento, lo que ilustra cómo las organizaciones líderes están aprovechando GenAI para lograr resultados extraordinarios. Por último, miramos al horizonte, examinamos las tendencias emergentes y visualizamos el futuro de la innovación impulsada por la IA.

Este libro está organizado en 14 capítulos que exploran las posibles oportunidades, limitaciones e inconvenientes, y guías prácticas para implementar GenAI en su organización. Cada capítulo examina una función crítica de su organización y demuestra cómo GenAI puede mejorar, complementar o desafiar los enfoques establecidos:

- **El capítulo 1: Breve historia de la inteligencia artificial** traza la evolución de la IA desde los mitos antiguos hasta la GenIA moderna, destacando los hitos, desafíos y lecciones clave que preparan el escenario para su potencial transformador.

- **El Capítulo 2: Introducción a la IA generativa en los negocios** presenta el potencial transformador de la GenAI en los negocios, destacando sus diversas aplicaciones, capacidades y consideraciones éticas.
- **El Capítulo 3: Consideraciones éticas, legales y regulatorias** examina las consideraciones clave de la implementación de GenAI, enfatizando la importancia de abordar el sesgo, garantizar la transparencia, proteger la privacidad, cumplir con las regulaciones y establecer marcos de gobernanza sólidos para integrar de manera responsable esta tecnología transformadora en las empresas.
- **Capítulos 4-12:** exploran el potencial de aprovechar GenAI en funciones empresariales clave como Tecnología de la Información, Marketing, Ventas y Finanzas.
- **El Capítulo 13: Implementación de GenAI en su organización** proporciona una hoja de ruta completa para que las organizaciones adopten, integren y maximicen de manera efectiva el valor de las tecnologías de GenAI.
- **El Capítulo 14: Tendencias** futuras explora las tendencias futuras de la GenAI, destacando los avances en el procesamiento del lenguaje natural, la generación de imágenes y vídeos, y la comprensión del contexto, junto con sus impactos transformadores en las industrias y los desafíos de las consideraciones éticas, de privacidad y normativas.

Preparando el escenario

GenAI es más que una herramienta; Es un catalizador para la transformación. Nos desafía a repensar los límites de las capacidades humanas y de las máquinas y a reimaginar la forma en que trabajamos, creamos y nos conectamos. A medida que lea este libro, le animo a que piense ampliamente sobre las oportunidades y los desafíos que se avecinan. ¿Qué papel jugará GenAI en su industria? ¿Cómo puede mejorar la misión de su organización? Y, lo que es más importante, ¿cómo se asegurará de que sus beneficios se obtengan de manera responsable y equitativa?

El viaje hacia esta nueva frontera no ha hecho más que empezar. Explorémoslo juntos.

CAPÍTULO 1: BREVE HISTORIA DE LA INTELIGENCIA ARTIFICIAL

La Inteligencia Artificial (IA) ha capturado la imaginación de la humanidad durante siglos, mucho antes de la llegada de la informática moderna. Desde los antiguos mitos de los autómatas hasta las tecnologías revolucionarias del siglo XXI, el viaje de la IA es uno de curiosidad, innovación y descubrimiento incesantes. Este capítulo lo lleva en un viaje a través de los hitos históricos que han definido la IA, preparando el escenario para las capacidades transformadoras de la GenAI exploradas en capítulos posteriores.

Las raíces de la IA: sueños e ideas

El concepto de máquinas inteligentes es tan antiguo como la civilización misma. Los antiguos mitos griegos, como la historia de Talos, un autómata gigante de bronce, y el pájaro mecánico creado por el ingeniero griego Héroe de Alejandría, muestran la fascinación de la humanidad por la vida artificial. Estas primeras imaginaciones sentaron las bases para los debates filosóficos que más tarde darían forma al campo de la IA.

En el siglo XVII, filósofos como René Descartes y Thomas Hobbes comenzaron a explorar la idea de la inteligencia mecanicista. Hobbes propuso que el razonamiento no era más que "computación", una idea que presagiaba el desarrollo de las computadoras modernas. Más tarde, la invención de máquinas programables, como la máquina analítica de Charles Babbage en el siglo XIX, acercó a la humanidad a la realización del sueño de la inteligencia artificial.

Los albores de la informática: preparando el escenario para la IA

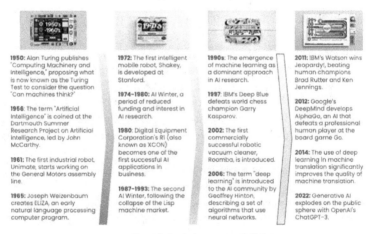

Cronología de los eventos de IA

El siglo XX marcó un punto de inflexión para la IA con la llegada de la informática digital. Alan Turing, a menudo considerado como el padre de la informática, hizo contribuciones significativas al campo con su artículo de 1936 "Sobre los números computables", que introdujo el concepto de una máquina universal capaz de realizar cualquier cálculo. El trabajo de Turing sentó las bases teóricas para las computadoras programables que se volverían esenciales para la investigación de la IA.

Durante la Segunda Guerra Mundial, Turing demostró aún más el poder de la computación al desarrollar máquinas para descifrar el código Enigma alemán. Este período de innovación puso de manifiesto el potencial de las máquinas para realizar tareas que antes se pensaba que requerían inteligencia humana.

En 1950, Turing introdujo el famoso "Test de Turing" como una medida de la capacidad de una máquina para exhibir un comportamiento inteligente indistinguible del de un humano. El test de Turing sigue siendo un referente en la investigación de la IA, lo que ha suscitado debates sobre la naturaleza de la inteligencia y la conciencia.

El nacimiento de la IA: las décadas de 1950 y 1960

El término "inteligencia artificial" fue acuñado en 1956 en la Conferencia de Dartmouth, organizada por John McCarthy, Marvin Minsky, Nathaniel Rochester y Claude Shannon. Este evento seminal marcó el comienzo oficial de la IA como campo de estudio. Los investigadores de la conferencia imaginaron un futuro en el que las máquinas podrían razonar, aprender y resolver problemas complejos.

Las primeras investigaciones sobre IA se centraron en el razonamiento simbólico y los sistemas basados en reglas. Programas como Logic Theorist, desarrollado por Allen Newell y Herbert Simon, demostraron el potencial de las máquinas para resolver problemas matemáticos. Estos sistemas se basaban en la lógica formal y la representación simbólica, sentando las bases para futuros avances.

Durante este período, el optimismo sobre el potencial de la IA fue alto. Los investigadores creían que las máquinas capaces de razonar como los humanos estaban a la vuelta de la esquina. Sin embargo, estos primeros sistemas estaban limitados por el poder computacional de la época y la complejidad de los problemas del mundo real.

Los inviernos de la IA: desafíos y contratiempos

Las décadas de 1970 y 1980 vieron períodos de estancamiento en la investigación de IA, conocidos como "inviernos de IA". La financiación y el interés en la IA disminuyeron a medida que los investigadores se enfrentaron a importantes desafíos. Los primeros sistemas luchaban con la ambigüedad, los datos incompletos y las limitaciones computacionales de la época. Los críticos argumentaron que las promesas de la IA estaban sobrevaloradas, lo que llevó al escepticismo y redujo la inversión.

A pesar de estos contratiempos, se lograron avances importantes durante este tiempo. El desarrollo de sistemas expertos, que codificaron el conocimiento específico del dominio en sistemas basados en reglas, demostró aplicaciones prácticas de la IA en campos como la medicina y la ingeniería. Sin embargo, estos sistemas eran frágiles y carecían de la adaptabilidad de la inteligencia humana.

La revolución del aprendizaje automático: décadas de 1990 y 2000

El resurgimiento de la IA en la década de 1990 fue impulsado por los avances en el aprendizaje automático, un subconjunto de la IA centrado en entrenar sistemas para aprender de los datos. La proliferación de datos y las mejoras en la potencia computacional permitieron el desarrollo de algoritmos más robustos. Técnicas como las redes neuronales, que habían sido abandonadas en gran medida durante los inviernos de la IA, experimentaron un renacimiento con la llegada del aprendizaje profundo.

Los logros históricos durante este período incluyen Deep Blue de IBM derrotando al gran maestro de ajedrez Garry Kasparov en 1997 y el desarrollo de sistemas de procesamiento del lenguaje natural (NLP) capaces de comprender y generar texto similar al humano. Estos hitos demostraron el potencial de la IA para abordar problemas complejos del mundo real.

La era de la GenAI: la década de 2010 y más allá

La década de 2010 marcó el surgimiento de GenAI, impulsada por los avances en el aprendizaje profundo y la disponibilidad de conjuntos de datos masivos. Los modelos generativos, como las redes generativas adversarias (GAN) y los autocodificadores variacionales (VAE), permitieron a las máquinas crear imágenes, vídeos y audio realistas. Paralelamente, los modelos de lenguaje a gran escala, como la serie GPT de OpenAI, revolucionaron el procesamiento del lenguaje natural.

Desde entonces, la GenAI ha permeado varias industrias, desde el entretenimiento y la atención médica hasta las finanzas y el comercio minorista. Su capacidad para generar contenido creativo y contextualmente relevante ha abierto nuevas posibilidades tanto para empresas como para particulares. Sin embargo, también ha planteado preguntas importantes sobre la ética, el sesgo y el impacto social del contenido generado por IA.

Lecciones del pasado

La historia de la IA es una historia de ambición, resiliencia y adaptación. Cada era ha traído nuevos desafíos y oportunidades, dando forma al campo en lo que es hoy. El viaje de los mitos antiguos a la GenAI subraya la importancia de la colaboración entre disciplinas, incluidas las ciencias de la computación, la filosofía, la psicología y la ética.

A medida que profundizamos en las capacidades e implicaciones de la GenIA, es esencial reflexionar sobre las lecciones del pasado. Los éxitos y fracasos de los sistemas de IA anteriores nos recuerdan que el progreso no es lineal ni está garantizado. Al construir sobre los cimientos establecidos por generaciones de investigadores e innovadores, podemos navegar las complejidades de esta nueva frontera con sabiduría y previsión.

En los próximos capítulos, exploraremos cómo las empresas pueden aprovechar el poder de la GenAI para impulsar la innovación y el crecimiento, al tiempo que abordan los desafíos éticos y prácticos que presenta. La historia de la IA aún se está escribiendo y puedes dar forma a su próximo capítulo.

Conclusiones clave

1. **Los orígenes de la IA:** La idea de la inteligencia artificial tiene raíces antiguas, con conceptos tempranos que aparecieron en la mitología, la filosofía y los primeros inventos mecánicos.
2. **El legado de Turing:** El trabajo de Alan Turing en computación y el Test de Turing sentaron las bases teóricas y filosóficas de la IA como disciplina científica.
3. **Nacimiento oficial de la IA:** La Conferencia de Dartmouth en 1956 marcó el comienzo formal de la investigación en IA, estableciendo objetivos ambiciosos para el razonamiento y el aprendizaje de las máquinas.
4. **Lecciones de AI Winters:** Los períodos de estancamiento en la investigación en IA destacan la importancia de las

expectativas realistas y la necesidad de avances tecnológicos y computacionales.

5. **La era de la GenAI:** Los avances en el aprendizaje profundo y la disponibilidad de datos han marcado el comienzo de una nueva era de la IA, caracterizada por aplicaciones creativas y transformadoras en todas las industrias.

CAPÍTULO 2: INTRODUCCIÓN A LA IA GENERATIVA EN LOS NEGOCIOS

GenAI representa un subconjunto transformador de tecnologías de IA diseñadas para crear nuevos contenidos en múltiples medios, como texto, imágenes, código, voz, datos sintéticos y vídeo, entre otros. Al aprovechar los modelos avanzados de aprendizaje automático, en particular las redes de aprendizaje profundo, GenAI genera resultados que emulan el estilo, el tono y la complejidad de los datos de entrada con los que se entrena. A diferencia de la IA tradicional, que se centra principalmente en tareas como la predicción o la clasificación, GenAI sobresale en la producción de resultados creativos y similares a los humanos, lo que ofrece oportunidades sin precedentes para la innovación.

Rick Abbott

La evolución de GenAI

El viaje de GenAI comenzó con herramientas simples de generación de contenido, evolucionando hacia sistemas sofisticados capaces de producir resultados altamente matizados y contextualmente relevantes. Los primeros desarrollos en la generación de texto e imágenes allanaron el camino para modelos avanzados como GPT (Generative Pre-trained Transformer), Grok, Gemini y DALL-E. Pronto, se espera que la introducción de plataformas de vanguardia como Sora revolucione aún más este espacio. Estos avances han redefinido fundamentalmente la forma en que las máquinas pueden entender y generar contenido similar al humano.

Esta evolución tecnológica ha sido impulsada por los avances en las redes neuronales, la disponibilidad de grandes conjuntos de datos y los avances significativos en la potencia informática. Juntos, estos elementos han permitido a GenAI ir más allá de la funcionalidad básica y entrar en un ámbito en el que puede rivalizar con la creatividad humana en muchos dominios.

El papel de la GenAI en los negocios

GenAI se ha convertido rápidamente en una piedra angular para impulsar la innovación en diversas funciones comerciales e industrias. Sus aplicaciones son tan diversas como impactantes, agilizando los procesos, mejorando la participación del cliente y abriendo nuevas vías de crecimiento.

Algunos ejemplos de funciones empresariales que se benefician de GenAI son:

- **Marketing y publicidad**: GenAI crea campañas personalizadas, anuncios atractivos y contenido atractivo adaptado a audiencias específicas. Al analizar el comportamiento de los consumidores, ayuda a los profesionales del marketing a elaborar estrategias que resuenen con su público objetivo.
- **Desarrollo de productos**: Desde la ideación hasta la creación de prototipos, GenAI acelera el proceso de diseño de productos mediante la generación de conceptos innovadores y la simulación de posibles resultados.
- **Servicio al cliente**: Los chatbots y asistentes virtuales impulsados por IA brindan atención al cliente personalizada

las 24 horas del día, los 7 días de la semana, lo que mejora la satisfacción y reduce los costos operativos.

- **Desarrollo de software:** GenAI automatiza la generación, depuración y pruebas de código, lo que reduce significativamente el tiempo de desarrollo y mejora la calidad del software.
- **Operaciones y cadena de suministro:** Al predecir la demanda e identificar ineficiencias, GenAI optimiza la gestión de la cadena de suministro y agiliza las operaciones.

Capacidades de GenAI

La versatilidad de GenAI se deriva de su capacidad para producir diversas formas de contenido digital. Algunas de sus capacidades más notables incluyen:

- **Generación** de texto: Producción de contenido escrito como artículos, informes, historias e incluso poesía. Los modelos de GenAI también pueden convertir indicaciones de texto en imágenes, una capacidad conocida como texto a imagen (T2I).
- **Creación de imágenes:** Generación de imágenes realistas o abstractas basadas en descripciones textuales o modificación de imágenes existentes.
- **Producción de audio y música:** Creación de voces en off, efectos de sonido e incluso composiciones musicales completas.
- **Síntesis de video:** Creación de contenido de video original o edición de imágenes existentes con precisión y creatividad.
- **Generación de voz y voz:** GenAI ahora puede producir voz similar a la humana, lo que permite aplicaciones en asistentes virtuales, audiolibros y más. Esto incluye la capacidad de modificar voces y generar sonidos novedosos, ampliando las posibilidades creativas en la música y el entretenimiento.
- **Desarrollo de código:** Automatización de la generación y depuración de fragmentos de código, acelerando los ciclos de desarrollo de software.
- **Funcionalidad multimodal:** Los modelos avanzados de GenAI pueden procesar y generar múltiples tipos de datos simultáneamente, como texto, imágenes y audio. Esto permite aplicaciones más integradas y versátiles, incluida la creación de contenido que combina varias formas de medios.

- **Razonamiento mejorado y resolución de problemas**: Los modelos recientes se centran en mejorar las habilidades de razonamiento, lo que les permite abordar tareas complejas que requieren procesos lógicos paso a paso, como matemáticas avanzadas y desafíos de codificación.

- **Análisis de datos y toma de decisiones en tiempo real**: Con los avances en la potencia de procesamiento, los sistemas GenAI pueden analizar datos y tomar decisiones en tiempo real, mejorando las aplicaciones en áreas como los vehículos autónomos y la creación de contenido dinámico.

Estas capacidades están respaldadas por tecnologías sofisticadas, como las redes generativas adversarias (GAN), los grandes modelos de lenguaje (LLM) y las redes neuronales avanzadas. Juntos, permiten a GenAI imitar y mejorar la creatividad humana en múltiples dominios.

Consideraciones éticas y desafíos

Al igual que con cualquier tecnología transformadora, la adopción de GenAI conlleva importantes implicaciones éticas y desafíos que las organizaciones deben abordar para garantizar una implementación responsable y sostenible. Si bien la GenAI ofrece un potencial transformador, su desarrollo e implementación requieren que las organizaciones permanezcan atentas a las consecuencias no deseadas que puedan surgir. Abordar estas consideraciones éticas no solo minimiza los riesgos, sino que también fomenta la confianza entre las partes interesadas, los empleados y los clientes, lo que garantiza el éxito a largo plazo de las iniciativas de GenAI.

Las principales preocupaciones incluyen:

- **Sesgo en los modelos de IA:** Los datos de entrenamiento utilizados para desarrollar modelos de GenAI pueden introducir sesgos inadvertidamente, lo que da lugar a resultados injustos o discriminatorios. Por ejemplo, si un modelo se entrena con datos históricamente sesgados, podría reforzar los estereotipos o pasar por alto a los grupos infrarrepresentados en los procesos de contratación, marketing u otros procesos de toma de decisiones.
- **Privacidad de datos:** El uso de grandes cantidades de datos para entrenar y operar GenAI genera preocupaciones sobre el cumplimiento de las regulaciones de protección de datos como GDPR, CCPA y otras. Las organizaciones deben

asegurarse de que los datos de los clientes se manejen de forma segura y transparente para mantener la confianza y evitar repercusiones legales.

- **Cumplimiento normativo:** La rápida evolución de las regulaciones de IA a nivel mundial requiere que las organizaciones se mantengan informadas y se adapten rápidamente a las nuevas leyes y estándares. El incumplimiento puede dar lugar a fuertes multas, daños a la reputación y barreras para la innovación futura.

- **Transparencia y explicabilidad:** Uno de los principales retos de los sistemas GenAI, especialmente los modelos avanzados como las redes neuronales, es su naturaleza de "caja negra", lo que dificulta la explicación de cómo se toman las decisiones. La falta de transparencia puede generar desconfianza y dificultar la solución de errores o sesgos.

- **Preocupaciones sobre el desplazamiento de puestos de trabajo:** Las capacidades de automatización de GenAI, al tiempo que mejoran la eficiencia, pueden provocar temores de desplazamiento de puestos de trabajo entre los empleados, lo que puede dar lugar a una resistencia a la adopción y a una cultura organizativa negativa.

Para hacer frente a estos desafíos, las empresas deben implementar prácticas sólidas de gobernanza de datos, auditar regularmente los sistemas de IA y establecer directrices éticas claras. Al abordar de forma proactiva estas preocupaciones éticas, las organizaciones pueden mitigar los riesgos y, al mismo tiempo, desbloquear plenamente el potencial transformador de la GenAI. Profundizaremos en los desafíos éticos y legales relacionados con la GenAI en un capítulo posterior.

Conclusión

GenAI no es simplemente una innovación tecnológica; Es un facilitador estratégico para las empresas que buscan prosperar en un mundo cada vez más digital. Al automatizar tareas complejas, mejorar la creatividad y permitir la toma de decisiones basada en datos, GenAI permite a las organizaciones alcanzar nuevos niveles de eficiencia e innovación. Sin embargo, su adopción debe guiarse por principios éticos y un compromiso con las prácticas responsables de IA.

Rick Abbott

A medida que las empresas continúan explorando las posibilidades de la GenAI, deben permanecer ágiles e informadas, listas para adaptarse a las oportunidades y desafíos de esta tecnología en evolución.

Conclusiones clave

1. **Poder creativo de GenAI:** GenAI aprovecha modelos avanzados de aprendizaje automático para producir contenido innovador y similar al humano en texto, imágenes, audio, video y código.
2. **Aplicaciones empresariales:** GenAI mejora el marketing, el servicio al cliente, el desarrollo de productos y la eficiencia operativa, entre muchos otros, impulsando la innovación en todas las industrias.
3. **Fundamentos tecnológicos: Las** tecnologías clave como las GAN, los LLM y las redes neuronales permiten a GenAI imitar la creatividad humana y generar resultados contextualmente relevantes.
4. **Desafíos éticos:** Las empresas deben abordar los posibles sesgos, las preocupaciones sobre la privacidad de los datos y la evolución de las regulaciones para adoptar GenAI de manera responsable.
5. **Potencial transformador:** Al automatizar tareas y habilitar nuevas oportunidades, GenAI empodera a las organizaciones para lograr eficiencia, innovación y diferenciación competitiva.

CAPÍTULO 3: CONSIDERACIONES ÉTICAS, LEGALES Y REGULATORIAS

Introducción

Antes de implementar GenAI en cualquier organización, es fundamental abordar las consideraciones éticas, legales y regulatorias que sustentan su uso responsable y efectivo. Sin un enfoque estructurado de estas dimensiones, las organizaciones corren el riesgo de enfrentarse a retos reputacionales, operativos y legales que podrían socavar sus iniciativas de IA. Este capítulo proporciona una visión general de estas tres áreas clave, ofreciendo orientación para navegar por las complejidades de la implementación responsable de GenAI.

El despliegue ético de la GenAI implica abordar cuestiones como el sesgo, la equidad, la transparencia y la rendición de cuentas. Los sistemas GenAI se entrenan con grandes conjuntos de datos que pueden reflejar inadvertidamente sesgos sociales, lo que conduce a resultados injustos o discriminatorios. La mitigación de estos riesgos requiere datos diversos y representativos, pruebas rigurosas y un seguimiento continuo para garantizar que los resultados se alineen con los estándares éticos. La transparencia, la interpretabilidad y la explicabilidad son vitales para generar confianza. Las organizaciones deben hacer que los procesos de toma de decisiones de IA sean comprensibles, garantizando que los usuarios puedan comprender cómo y por qué se toman las decisiones. El establecimiento de mecanismos claros de rendición de cuentas y marcos éticos de gobernanza ayuda a guiar el uso de la IA en consonancia con los valores sociales y fomenta la confianza entre las partes interesadas.

Las consideraciones legales para GenAI se centran en la privacidad de los datos, la propiedad intelectual y la responsabilidad. El cumplimiento de las normativas de protección de datos, como la Ley de Portabilidad y Responsabilidad de los Seguros Médicos (HIPAA), el Reglamento General de Protección de Datos (RGPD) de la Unión Europea y la Ley de Privacidad del Consumidor de California (CCPA), es fundamental para salvaguardar la información personal confidencial. Las organizaciones también deben navegar por las complejidades de los derechos de propiedad intelectual, especialmente cuando los sistemas GenAI generan nuevos contenidos o utilizan material protegido por derechos de autor durante la formación. Los marcos de responsabilidad son esenciales para asignar responsabilidades en los casos en que los resultados de la IA causen daños o errores. Al establecer políticas y procesos legales claros, las organizaciones pueden reducir los riesgos y garantizar el cumplimiento de las regulaciones en evolución.

Los marcos regulatorios para la GenAI están evolucionando rápidamente para abordar los desafíos únicos que plantea esta tecnología transformadora. Los gobiernos y los organismos reguladores están introduciendo directrices y normas para promover la transparencia, la rendición de cuentas y la equidad en el despliegue de la IA. Estos marcos, como la propuesta de Ley de IA de la Unión Europea y la Ley de Responsabilidad Algorítmica de 2022 propuesta por los Estados Unidos, tienen como objetivo equilibrar la innovación con las salvaguardias sociales. Las organizaciones deben comprometerse de manera proactiva con estas regulaciones, realizar auditorías de cumplimiento periódicas y mantenerse informadas sobre los cambios para garantizar el cumplimiento. El desarrollo de mecanismos de supervisión interna y la colaboración con consorcios de la industria pueden ayudar aún más a navegar por el panorama regulatorio.

Al tener en cuenta los factores éticos, legales y regulatorios, las organizaciones pueden implementar GenAI de manera responsable, fomentando la confianza, minimizando los riesgos y maximizando su potencial transformador.

Consideraciones éticas

Las consideraciones éticas son una piedra angular para implementar GenAI de manera responsable, ya que el poder transformador de esta tecnología conlleva riesgos y responsabilidades complejos. Un desafío clave radica en abordar el sesgo y la equidad dentro de los sistemas de IA. Los modelos de GenAI aprenden de vastos conjuntos de datos, que a menudo reflejan desigualdades históricas o sesgos sociales. Estos sesgos incorporados pueden dar lugar a resultados que perpetúan la discriminación o el trato injusto, especialmente en aplicaciones sensibles como la contratación, el préstamo o la generación de contenido. Garantizar la equidad requiere que las organizaciones utilicen conjuntos de datos diversos y representativos, prueben y validen rigurosamente los modelos de IA y supervisen continuamente su rendimiento para detectar y mitigar los sesgos. Estos esfuerzos son esenciales para crear sistemas que ofrezcan resultados equitativos y confiables.

La transparencia y la explicabilidad son igualmente críticas a la hora de implementar GenAI. Estos sistemas a menudo se describen como "cajas negras" debido a la complejidad de sus algoritmos subyacentes, que pueden oscurecer cómo se toman las decisiones. Esta falta de transparencia puede erosionar la confianza entre los usuarios y las partes interesadas, lo que dificulta que el sistema se haga responsable de sus resultados. Para hacer frente a esto, las organizaciones deben centrarse en mejorar la interpretabilidad de los sistemas GenAI mediante el desarrollo de herramientas que hagan comprensibles sus procesos de toma de decisiones. Una comunicación clara sobre el propósito, las limitaciones y la justificación de las decisiones del sistema fomenta la confianza y permite a las partes interesadas interactuar con los sistemas de IA con confianza.

La rendición de cuentas es otro aspecto crucial del despliegue ético de la IA. Cuando los sistemas GenAI fallan o causan daños, determinar quién es el responsable (los desarrolladores, la organización que implementa la IA u otras partes) puede convertirse en un tema polémico. Para garantizar la rendición de cuentas, las organizaciones deben establecer protocolos claros para la supervisión y la intervención, definir las funciones y responsabilidades para la gestión de los sistemas de IA y establecer comités de ética o juntas de revisión para proporcionar una gobernanza continua. Estas medidas ayudan a crear un marco en el que los resultados negativos pueden abordarse sistemáticamente y la responsabilidad se asigna claramente.

La privacidad y la protección de datos son preocupaciones éticas fundamentales, ya que los sistemas GenAI dependen en gran medida de grandes conjuntos de datos que a menudo incluyen información confidencial. Salvaguardar estos datos de violaciones y accesos no autorizados es esencial para mantener la confianza y cumplir con regulaciones como GDPR y CCPA. Las técnicas sólidas de anonimización de datos, las prácticas de almacenamiento seguro y el cumplimiento de las leyes de protección de datos son pasos críticos para mitigar los riesgos de privacidad. Al abordar de manera proactiva estos desafíos éticos, las organizaciones pueden asegurarse de que sus implementaciones de GenAI estén alineadas con los valores sociales, fomentando la confianza y la aceptación al tiempo que liberan todo el potencial de la tecnología.

Implicaciones legales

La implementación de GenAI dentro de un entorno empresarial requiere prestar atención a las implicaciones legales, la principal de las cuales es el cumplimiento de las leyes de protección de datos como HIPPA, GDPR y CCPA. Estas regulaciones exigen controles estrictos sobre la recopilación, el almacenamiento y el procesamiento de datos personales. Las organizaciones deben asegurarse de recopilar, almacenar y utilizar los datos de acuerdo con estas regulaciones, lo que puede incluir la obtención del consentimiento informado de los interesados, la anonimización o seudonimización de los datos cuando sea posible y la implementación de medidas de seguridad sólidas para protegerse contra las violaciones de datos. El incumplimiento puede dar lugar a fuertes multas y daños a la reputación de una empresa.

Otro aspecto legal crítico son los derechos de propiedad intelectual. Los sistemas GenAI a menudo crean contenido nuevo, lo que plantea preguntas sobre la propiedad de estas creaciones. Las empresas deben navegar por las complejidades de la ley de propiedad intelectual para determinar quién posee los derechos sobre las obras generadas por IA. El uso de material protegido por derechos de autor para entrenar modelos de IA sin la debida autorización puede dar lugar a disputas legales. Establecer políticas claras sobre el uso de los datos y respetar los derechos de propiedad intelectual es esencial para mitigar los riesgos legales.

El derecho laboral y los impactos de la fuerza laboral también son consideraciones importantes. GenAI puede automatizar tareas que antes realizaban los humanos, lo que provoca el desplazamiento de puestos de trabajo y cambios en la dinámica de la fuerza laboral. Las empresas deben cumplir con las leyes laborales relacionadas con los despidos, la recapacitación y las prácticas laborales justas. También deben considerar las implicaciones éticas de las reducciones de la fuerza laboral e invertir en programas de recapacitación para apoyar a los empleados en la transición a nuevos roles dentro de la organización.

La responsabilidad y la gestión de riesgos son cruciales en el despliegue de GenAI. Determinar la responsabilidad cuando los sistemas de IA funcionan mal o causan daños puede ser un desafío. Las empresas deben establecer marcos de responsabilidad claros que delimiten la responsabilidad entre los desarrolladores, los usuarios y los proveedores externos. La implementación de estrategias integrales de gestión de riesgos, incluidas auditorías periódicas, evaluaciones de impacto y planes de contingencia, puede ayudar a mitigar posibles problemas legales.

Marcos regulatorios

El panorama regulatorio actual para la GenAI está evolucionando rápidamente, lo que refleja la creciente importancia y complejidad de las tecnologías de IA. Varias jurisdicciones han introducido o están desarrollando regulaciones para abordar los desafíos únicos que plantea la GenAI. Estas regulaciones tienen como objetivo garantizar que la IA se desarrolle y despliegue de manera ética, transparente y beneficiosa para la sociedad. Ejemplos notables incluyen la Ley de IA de la Unión Europea, que busca establecer reglas integrales para las aplicaciones de IA, y las regulaciones de protección de datos mencionadas anteriormente como HIPPA, GDPR y CCPA que rigen el uso de datos personales por parte de los sistemas de IA. También están activas la Comisión Europea, la Comisión Federal de Comercio de EE. UU. y la Oficina del Comisionado de Información del Reino Unido, que trabajan para establecer pautas y estándares para el desarrollo y la implementación de tecnologías GenAI.

Rick Abbott

El papel de los organismos reguladores es crucial en la configuración y aplicación de estos marcos. Estos organismos se encargan de elaborar directrices, realizar auditorías e imponer sanciones a las entidades que no cumplan con los requisitos reglamentarios. Sus esfuerzos ayudan a mantener un equilibrio entre el fomento de la innovación y la protección de los intereses públicos.

Las regulaciones clave que afectan a la implementación de GenAI abarcan varios temas, desde la protección de datos y la privacidad hasta el uso ético y la responsabilidad. El GDPR y la CCPA imponen requisitos estrictos sobre cómo las empresas recopilan, almacenan y procesan datos personales. La propuesta de Ley de IA de la UE clasifica los sistemas de IA en función de los niveles de riesgo e impone obligaciones específicas en consecuencia, como la realización de evaluaciones de impacto y la garantía de la transparencia. Es posible que se apliquen regulaciones específicas del sector, como las que rigen la atención médica, las finanzas y los vehículos autónomos, cada una de las cuales agrega otra capa de cumplimiento para las empresas que implementan GenAI.

Para navegar por este complejo entorno regulatorio, las empresas deben adoptar las mejores prácticas para el cumplimiento. Esto incluye la realización de auditorías periódicas de cumplimiento, la implementación de marcos sólidos de gobernanza de datos y la garantía de la transparencia en los procesos de toma de decisiones de IA. El desarrollo de una política ética integral de la IA y el establecimiento de juntas de revisión internas también pueden ayudar a abordar de manera preventiva los posibles problemas regulatorios. El compromiso con los organismos reguladores y la participación en consorcios industriales puede informar a las empresas sobre los cambios regulatorios y las mejores prácticas emergentes.

Es probable que las direcciones futuras de la regulación de la IA se centren en mejorar la transparencia, la rendición de cuentas y las consideraciones éticas en el despliegue de la IA. A medida que las tecnologías de IA evolucionan, los marcos regulatorios deben adaptarse para abordar nuevos desafíos, como el uso ético de la IA en la toma de decisiones, la mitigación de los sesgos algorítmicos y la protección de los derechos individuales frente a la creciente automatización. Los esfuerzos de colaboración entre los reguladores, las partes interesadas de la industria y la sociedad civil serán esenciales para crear regulaciones que promuevan la innovación y salvaguarden la confianza y la seguridad del público.

Creación de un marco de gobernanza de GenAI

La creación de un marco de gobernanza sólido de GenAI es esencial para garantizar la implementación ética, legal y efectiva de GenAI dentro de una organización. Un primer paso crucial es establecer una Oficina de Gestión de Programas de IA (AI PMO) multifuncional. Esta PMO de IA debe incluir representantes de varios departamentos, como las unidades de TI, legal, RRHH, cumplimiento y negocio, para garantizar un enfoque holístico de la gobernanza de la IA. Esta diversidad ayuda a abordar los desafíos multifacéticos que plantea la IA, desde cuestiones técnicas hasta dilemas éticos y cumplimiento normativo. El papel de la PMO de IA incluye supervisar los proyectos de GenAI, alinearlos con los objetivos de la organización y garantizar que todas las partes interesadas estén informadas y comprometidas durante todo el proceso de implementación. También debe identificar y mitigar los riesgos potenciales de la GenAI, como la privacidad de los datos, la seguridad y el sesgo. Las organizaciones pueden asegurarse de que GenAI se implemente para alinearse con sus objetivos comerciales generales y estándares éticos mediante el establecimiento de roles y responsabilidades claras dentro de la PMO de IA.

El desarrollo de políticas y procedimientos integrales para el uso de GenAI es otro componente crítico del marco de gobernanza. Estas políticas deben abarcar todos los aspectos de la implementación de la IA, incluida la privacidad de los datos, el uso ético, la transparencia y la rendición de cuentas. Se deben establecer directrices claras sobre cómo los sistemas de GenAI recopilan, procesan y utilizan los datos. Los procedimientos deben definir las responsabilidades de los diferentes equipos y describir los pasos para la gestión de riesgos y la respuesta a incidentes. Las políticas efectivas garantizan que las iniciativas de IA cumplan con los estándares legales y se alineen con los valores éticos de la organización. Las organizaciones deben desarrollar políticas para el desarrollo de algoritmos y la implementación de modelos para evitar la introducción de sesgos y garantizar que los sistemas de GenAI sean transparentes y explicables. Esto incluye el establecimiento de procesos para validar y supervisar los modelos de IA a fin de garantizar que funcionen según lo previsto y no produzcan resultados perjudiciales o engañosos.

Monitorear y auditar el cumplimiento de los sistemas de GenAI es esencial para mantener la confianza y la confiabilidad en las implementaciones de IA. Se deben realizar auditorías periódicas para evaluar el rendimiento, la equidad y la transparencia de los modelos de IA. Esto implica establecer mecanismos para detectar y mitigar sesgos, garantizar que las decisiones de la IA sean explicables y verificar que todas las operaciones cumplan con las políticas establecidas y los requisitos legales. El monitoreo continuo ayuda a identificar problemas potenciales de manera temprana y permite acciones correctivas oportunas. También proporciona una evaluación continua del impacto de los sistemas de IA en la organización y sus partes interesadas, fomentando una cultura de mejora continua y responsabilidad. La auditoría debe ser realizada por un organismo independiente para mantener la objetividad y garantizar la integridad del proceso. Los resultados de estas auditorías deben utilizarse para identificar áreas de mejora e informar sobre las actualizaciones del marco de gobernanza de GenAI. Al monitorear y auditar continuamente los sistemas de GenAI, las organizaciones pueden demostrar su compromiso con el uso responsable de la IA y mantener la confianza de sus usuarios y partes interesadas.

Al integrar estos elementos, estableciendo una PMO de IA multifuncional, desarrollando políticas y procedimientos sólidos, y garantizando un seguimiento y una auditoría rigurosos, las organizaciones pueden crear un marco de gobernanza integral de GenAI. Este marco mitiga los riesgos y maximiza los beneficios de la IA, asegurando su implementación ética y efectiva en alineación con los valores organizacionales y los estándares regulatorios.

Casos de estudio

El examen de los estudios de caso de los desafíos legales en las implementaciones de GenAI proporciona información valiosa sobre las complejidades de navegar por estas aguas legales. Han surgido disputas legales sobre la toma de decisiones sesgadas de la IA en los procesos de contratación y cuestiones relacionadas con el uso no autorizado de datos. Aprender de estos casos puede guiar a las empresas en el desarrollo de marcos legales y éticos sólidos para evitar escollos similares. Al abordar de manera proactiva las implicaciones legales, las empresas pueden fomentar un enfoque responsable y que cumpla con la ley para implementar GenAI.

Ya han surgido varios desafíos legales en el contexto de los despliegues de GenAI. Por ejemplo, en 2020, el Gremio de Autores presentó una demanda contra OpenAI, el desarrollador del modelo de lenguaje GPT-3, alegando infracción de derechos de autor. La demanda afirmaba que el uso de material protegido por derechos de autor por parte de OpenAI para entrenar sus modelos de IA equivalía a una copia no autorizada y violaba los derechos de autor. Este caso pone de manifiesto la importancia de tener en cuenta los derechos de propiedad intelectual a la hora de desplegar tecnologías GenAI.

En otro caso, un grupo de artistas presentó una demanda contra varias empresas de IA, alegando que sus sistemas de IA estaban siendo utilizados para generar imágenes que infringían los derechos de autor de los artistas. Los artistas argumentaron que los sistemas de IA fueron entrenados con sus obras protegidas por derechos de autor sin permiso y que las imágenes resultantes constituían obras derivadas no autorizadas. Este caso subraya la necesidad de que las organizaciones consideren cuidadosamente las implicaciones legales del uso de GenAI para la creación de contenidos.

Mejores Prácticas de Empresas Líderes:

Las empresas líderes están adoptando las mejores prácticas para maximizar el potencial de GenAI y, al mismo tiempo, abordar sus desafíos únicos. Una estrategia clave es personalizar las herramientas de GenAI para satisfacer las necesidades específicas de la industria. Al adaptar los algoritmos y conjuntos de datos de aprendizaje automático a las demandas y regulaciones específicas de sus industrias, las organizaciones pueden mejorar la precisión, la confiabilidad y la efectividad de sus soluciones de IA. Este enfoque garantiza que las aplicaciones de GenAI no solo estén optimizadas para el uso previsto, sino que también cumplan con los estándares relevantes de la industria y los requisitos regulatorios.

Otra práctica fundamental es fomentar una cultura de curiosidad y aprendizaje continuo. Para aprovechar al máximo las capacidades de GenAI, las organizaciones deben mantenerse informadas sobre los últimos desarrollos, identificar de manera proactiva los desafíos potenciales e invertir en los recursos necesarios para profundizar su comprensión de las herramientas y aplicaciones de GenAI. Esta cultura de educación e innovación continuas permite a las empresas adaptarse rápidamente a los avances tecnológicos, abordar los problemas emergentes y desbloquear nuevas oportunidades de crecimiento y eficiencia.

Igualmente importante es priorizar la supervisión y la responsabilidad humanas en las implementaciones de GenAI. Las implementaciones exitosas enfatizan el enfoque de "humano en el circuito", lo que garantiza que los sistemas de IA funcionen como herramientas colaborativas en lugar de tomadores de decisiones autónomos. Las organizaciones deben establecer un marco estructurado para monitorear y mitigar los sesgos, proporcionando pautas claras para el uso ético y responsable de las tecnologías de GenAI. Al combinar la innovación tecnológica con el juicio humano y la responsabilidad, las empresas pueden garantizar que GenAI se implemente de una manera que se alinee con sus valores y objetivos, al tiempo que mantienen la confianza y la equidad en sus resultados.

Conclusión

En este capítulo se han abordado las consideraciones éticas, legales y regulatorias críticas necesarias para la implementación responsable de GenAI dentro de las empresas. Exploramos áreas clave como el sesgo y la equidad en los algoritmos de IA, la transparencia y la explicabilidad, la privacidad y la protección de datos, la rendición de cuentas y la responsabilidad, y el establecimiento de marcos éticos de gobernanza. Examinamos las implicaciones legales de GenAI, incluido el cumplimiento de las leyes de protección de datos, los derechos de propiedad intelectual, el derecho laboral y la responsabilidad y la gestión de riesgos. Comprender estos elementos es crucial para que las organizaciones naveguen por las complejidades de GenAI y garanticen su integración beneficiosa.

A medida que las tecnologías de IA evolucionan, también lo hacen los desafíos éticos y legales que presentan. Las organizaciones deben seguir siendo proactivas en la actualización de sus políticas y prácticas para reflejar los nuevos desarrollos en IA y regulaciones. La vigilancia ética implica un seguimiento continuo, auditorías periódicas y un compromiso con la transparencia y la rendición de cuentas. La vigilancia legal requiere mantenerse informado sobre los cambios en la legislación y garantizar que todas las actividades relacionadas con la IA cumplan con las leyes vigentes. Una cultura de vigilancia ética y legal fomenta la confianza y mitiga los riesgos asociados con la implementación de la IA.

Las empresas deben establecer marcos de gobernanza integrales que abarquen pautas éticas, cumplimiento legal y sistemas de monitoreo sólidos. Las empresas deben crear comités de gobernanza de IA multifuncionales para supervisar los proyectos de GenAI, desarrollar políticas y procedimientos claros e implementar auditorías periódicas para garantizar el cumplimiento y la rendición de cuentas. Al tomar estas medidas, las empresas pueden aprovechar el poder de la GenAI y, al mismo tiempo, protegerse contra posibles riesgos y trampas éticas.

Conclusiones clave

1. **Abordar el sesgo y garantizar la equidad:** Los modelos de IA, incluida la GenAI, a menudo heredan sesgos de los datos de entrenamiento. Las organizaciones deben probar y monitorear rigurosamente los sistemas de IA, utilizando diversos conjuntos de datos para evitar la discriminación y garantizar resultados equitativos.

2. **Transparencia, interpretabilidad y explicabilidad:** Mejorar la transparencia de los sistemas de GenAI haciendo que los procesos de toma de decisiones sean comprensibles es crucial para generar confianza. La IA explicable fomenta la rendición de cuentas y facilita la supervisión de las partes interesadas.

3. **Privacidad y protección de datos:** Salvaguardar los datos personales y confidenciales es esencial. El cumplimiento de las leyes de protección de datos como HIPPQ y CCPA, la implementación de prácticas de datos seguros y el uso de técnicas de anonimización son fundamentales para mitigar los riesgos de privacidad.

4. **Marcos de gobernanza éticos y legales:** El establecimiento de marcos de gobernanza integrales con políticas claras y supervisión multifuncional de la IA garantiza el cumplimiento ético y legal. Esto incluye la creación de directrices para la transparencia, la rendición de cuentas y la gestión de riesgos.

5. **Navegar por las complejidades legales:** El cumplimiento de las leyes de protección de datos, los derechos de propiedad intelectual y las regulaciones laborales es fundamental para la implementación de GenAI. Las organizaciones deben establecer marcos de responsabilidad e implementar una gestión proactiva de riesgos para mitigar posibles disputas legales.

CAPÍTULO 4: TECNOLOGÍA DE LA INFORMACIÓN

Introducción a GenAI en Tecnologías de la Información

La función de tecnología de la información (TI) es la columna vertebral de las organizaciones modernas, impulsando los sistemas, las aplicaciones y las redes que impulsan las operaciones empresariales. Más allá de respaldar estas funciones críticas, TI está cada vez más a la vanguardia de la transformación organizacional, actuando como catalizador para el cambio en todos los departamentos. Desde la gestión de la infraestructura y la ciberseguridad hasta el desarrollo de software y el análisis de datos, la TI garantiza la eficiencia operativa, la continuidad del negocio y la innovación. Con la llegada de la GenAI, el departamento de TI no solo está revolucionando sus propios procesos (automatizando tareas, optimizando los flujos de trabajo y mejorando la toma de decisiones), sino que también permite la innovación en toda la empresa al ofrecer soluciones de IA de vanguardia que redefinen el funcionamiento de otras funciones. A medida que las organizaciones adoptan la transformación digital, el papel de TI en la alineación de las capacidades tecnológicas con los objetivos comerciales estratégicos, el fomento de la agilidad y el impulso de la ventaja competitiva nunca ha sido más vital. A través de la GenAI, la TI se convierte en el motor de la innovación, empoderando a cada rincón de la organización para aprovechar el poder de la IA para un crecimiento y éxito sostenidos.

GenAI aporta una dimensión transformadora a la TI al introducir capacidades avanzadas que van más allá de la automatización y la analítica tradicionales. Con su capacidad para generar contenido creativo y contextualmente relevante, analizar grandes conjuntos de datos y aprender de patrones, GenAI mejora la eficiencia y la eficacia de las operaciones de TI. Por ejemplo, las herramientas impulsadas por GenAI pueden generar protocolos detallados de respuesta a incidentes, automatizar la generación de código para los equipos de desarrollo y predecir los fallos del sistema antes de que ocurran, lo que garantiza operaciones más fluidas. GenAI permite a los líderes de TI pasar de la resolución de problemas reactiva a la estrategia proactiva, utilizando información impulsada por la IA para anticipar los desafíos futuros e innovar en las soluciones.

GenAI es particularmente relevante para abordar la creciente complejidad de los entornos de TI. A medida que las organizaciones adoptan arquitecturas híbridas y multinube, gestionan grandes cantidades de datos y navegan por las cambiantes amenazas de ciberseguridad, los equipos de TI tienen la tarea de ofrecer un alto rendimiento y seguridad a escala. GenAI proporciona la inteligencia para agilizar estos procesos, automatizando tareas repetitivas como la gestión de parches y las actualizaciones de configuración, al tiempo que mejora la toma de decisiones a través de análisis predictivos. Esto permite a los profesionales de TI centrarse en iniciativas de alto impacto, como el diseño de arquitecturas escalables, la implementación de nuevas tecnologías y el impulso del crecimiento de la organización.

A pesar de su potencial, la función de TI se enfrenta a varios desafíos que dificultan su capacidad para satisfacer las demandas comerciales de manera efectiva. Un problema importante es el gran volumen de tareas rutinarias, como la supervisión del sistema, las actualizaciones de software y la resolución de problemas, que consumen una parte importante de los recursos de TI. Estas actividades repetitivas a menudo dejan poco espacio para la innovación o el pensamiento estratégico. GenAI aborda esto automatizando estas tareas, lo que permite a los equipos de TI asignar su tiempo y experiencia a objetivos más críticos.

Otro reto importante es la gestión de la ciberseguridad en un panorama de amenazas cada vez más complejo. Los equipos de TI deben monitorear y responder continuamente a las vulnerabilidades, que pueden requerir mucho tiempo y ser propensas a errores humanos. GenAI mejora la ciberseguridad al proporcionar detección de amenazas en tiempo real y análisis predictivos, lo que ayuda a las organizaciones a identificar y mitigar los riesgos antes de que se intensifiquen. Los departamentos de TI a menudo luchan por optimizar los recursos de la nube y garantizar la escalabilidad a medida que evolucionan las necesidades de la organización. Las capacidades analíticas avanzadas de GenAI ayudan a predecir los requisitos futuros de recursos, lo que garantiza una gestión de la infraestructura rentable y eficiente.

Al abordar estos desafíos, GenAI permite que la función de TI opere con mayor eficiencia, resiliencia y enfoque estratégico, posicionándola como un facilitador clave de la innovación y el crecimiento en la era digital.

Impacto transformacional

GenAI está redefiniendo la función de TI mediante la introducción de capacidades avanzadas que permiten flujos de trabajo más inteligentes, toma de decisiones predictiva y gestión de infraestructura adaptativa. GenAI permite a los departamentos de TI trascender las funciones tradicionales de mantenimiento de sistemas y resolución de problemas, transformándose en un impulsor central de la innovación empresarial y la alineación estratégica. Al automatizar tareas rutinarias, predecir problemas de rendimiento del sistema y generar información procesable a partir de conjuntos de datos complejos, GenAI permite a los equipos de TI centrarse en la resolución creativa de problemas y la innovación, al tiempo que mejora la eficiencia operativa.

Esta transformación también redefine la forma en que operan los equipos de TI. Los flujos de trabajo se están automatizando cada vez más, lo que permite una ejecución más rápida de tareas repetitivas, como actualizaciones de software, diagnósticos del sistema y supervisión de la seguridad. Los procesos de toma de decisiones ahora integran datos en tiempo real y análisis predictivos impulsados por GenAI, lo que permite a los líderes de TI anticiparse a los desafíos y asignar recursos de manera más efectiva. El papel de los profesionales de TI está evolucionando, con un mayor énfasis en la colaboración con herramientas de IA que actúan como copilotos, mejorando la productividad y reduciendo los errores.

La adopción de GenAI cambia las prioridades dentro de TI de la resolución de problemas reactiva a la planificación proactiva y la innovación. La atención se ha centrado en el mantenimiento predictivo, la integración fluida de sistemas y una sólida gobernanza de datos para garantizar la seguridad, el cumplimiento y el uso ético de los sistemas de IA. Este cambio no solo agiliza las operaciones de TI, sino que también posiciona a TI como un facilitador estratégico que impulsa la transformación digital y la ventaja competitiva para la organización.

La integración de GenAI abre varias oportunidades clave para tener un impacto significativo en la función de TI:

- **Resiliencia de ciberseguridad avanzada:** GenAI proporciona capacidades incomparables para identificar y mitigar amenazas de ciberseguridad. Al analizar datos en tiempo real y reconocer patrones indicativos de vulnerabilidades o ataques, permite a los equipos de TI implementar medidas proactivas, minimizando los riesgos y salvaguardando la información confidencial.
- **Mantenimiento predictivo del sistema:** GenAI monitorea continuamente el estado del sistema y predice posibles fallas antes de que ocurran. Esto reduce el tiempo de inactividad, garantiza la fiabilidad del sistema y mejora la satisfacción del usuario al permitir que los equipos de TI aborden los problemas de forma proactiva.
- **Gestión optimizada de recursos en la nube:** A través de análisis avanzados, GenAI identifica patrones de uso y predice las necesidades futuras de recursos, optimizando los costos de infraestructura en la nube y mejorando la escalabilidad. Esto garantiza que las organizaciones sigan siendo ágiles y respondan a las demandas cambiantes.
- **Toma de decisiones mejorada con información impulsada por IA:** GenAI analiza conjuntos de datos masivos para proporcionar información procesable, lo que ayuda a los líderes de TI a tomar decisiones informadas sobre inversiones en infraestructura, actualizaciones de seguridad y

hojas de ruta tecnológicas. Este enfoque basado en datos mejora la asignación de recursos y la planificación estratégica.

- **Automatización fluida de las operaciones de TI:** Al automatizar tareas repetitivas como las copias de seguridad de datos, la gestión de parches y los informes de cumplimiento, GenAI libera a los profesionales de TI para que se centren en iniciativas más estratégicas. Esto aumenta la eficiencia, reduce el error humano y garantiza la coherencia operativa.

GenAI tiene el potencial de revolucionar la función de TI mediante la automatización de procesos rutinarios, la mejora de las capacidades predictivas y la toma de decisiones basada en datos. Estos avances no solo optimizan las operaciones de TI, sino que también empoderan a los equipos para impulsar la innovación y crear valor estratégico en toda la organización. El potencial transformador de GenAI posiciona a las TI como un facilitador vital del crecimiento empresarial en la era digital.

Tecnologías y herramientas clave

GenAI ofrece una variedad de herramientas y plataformas diseñadas para revolucionar la función de TI. Las tecnologías relevantes incluyen grandes modelos de lenguaje como la serie GPT de OpenAI, Bard de Google y el servicio Azure OpenAI de Microsoft, que pueden ayudar con tareas como la generación automatizada de código, la resolución de problemas del sistema y la documentación de procesos. Plataformas como DALL-E y AlphaCode de DeepMind amplían las capacidades de GenAI a tareas visuales y basadas en código. Estas herramientas permiten a los equipos de TI aprovechar el aprendizaje automático para la optimización operativa, el análisis predictivo y la automatización de procesos, lo que garantiza una mayor eficiencia y precisión en los flujos de trabajo de TI.

La integración de GenAI en los sistemas de TI existentes requiere una planificación y ejecución cuidadosas para garantizar una interoperabilidad sin fisuras. Las organizaciones pueden utilizar las interfaces de programación de aplicaciones (API) proporcionadas por las plataformas GenAI para integrar funcionalidades de IA directamente en sus flujos de trabajo. Por ejemplo, las API pueden integrar modelos de GenAI con plataformas de gestión de servicios de TI como ServiceNow, lo que permite la resolución automatizada de tickets y la supervisión del sistema en tiempo real. La compatibilidad de GenAI con entornos nativos de la nube, como Amazon Web Services (AWS) y Microsoft Azure, facilita su uso en arquitecturas híbridas y multinube, agilizando la gestión de la infraestructura y la asignación de recursos.

Otro aspecto crucial de la integración es garantizar la compatibilidad y la gobernanza de los datos. Los equipos de TI deben abordar desafíos como los silos de datos, los sistemas heredados y el cumplimiento de la seguridad. El empleo de herramientas impulsadas por GenAI, como las canalizaciones ETL (Extraer, Transformar, Cargar) automatizadas, puede ayudar a consolidar y preparar los datos para su uso sin problemas en todos los sistemas. Las organizaciones pueden adoptar soluciones de middleware para permitir que los modelos de GenAI se comuniquen con la infraestructura de TI existente, lo que garantiza un rendimiento y una seguridad de datos consistentes. Esta integración permite a los equipos de TI implementar GenAI como una capa inteligente dentro de su ecosistema, impulsando tanto la excelencia operativa como la innovación estratégica.

Varias tendencias técnicas están remodelando la función de TI, y GenAI desempeña un papel fundamental en el avance de estos desarrollos. A continuación se muestra una descripción general de las cinco tendencias clave que dan forma a la TI:

- **Hiperautomatización**: Al combinar GenAI con la Automatización Robótica de Procesos (RPA), los equipos de TI pueden automatizar flujos de trabajo complejos que abarcan múltiples aplicaciones y sistemas. Esta tendencia reduce la intervención manual, acelera la finalización de tareas y garantiza la coherencia en las operaciones.
- **Análisis predictivo**: GenAI mejora el análisis predictivo mediante el análisis de datos históricos de rendimiento de TI para anticipar fallos del sistema, necesidades de recursos y amenazas cibernéticas. Esta capacidad permite a los equipos de TI abordar los problemas de forma proactiva, minimizando el tiempo de inactividad y garantizando la continuidad del negocio.
- **Operaciones inteligentes de TI (AIOps)**: GenAI admite AIOps al permitir el monitoreo en tiempo real y la respuesta automatizada a incidentes. Los paneles y alertas impulsados por IA ayudan a los equipos de TI a identificar anomalías y resolver problemas más rápido, lo que mejora la confiabilidad general del sistema.

- **Optimización de la nube:** Con GenAI, los equipos de TI pueden asignar dinámicamente los recursos de la nube en función de los patrones de carga de trabajo, lo que garantiza la rentabilidad y la escalabilidad. Esta tendencia ayuda a las organizaciones a optimizar sus inversiones en la nube mientras mantienen un alto rendimiento.

- **Ciberseguridad mejorada:** GenAI fortalece la ciberseguridad al detectar y responder a las amenazas en tiempo real. Los sistemas impulsados por IA pueden analizar grandes conjuntos de datos para identificar vulnerabilidades, señalar actividades sospechosas y recomendar contramedidas procesables, proporcionando una protección sólida contra las amenazas cibernéticas en evolución.

Al aprovechar estas tendencias y tecnologías, los equipos de TI pueden desbloquear nuevas oportunidades para la innovación y la excelencia operativa, posicionándose como facilitadores estratégicos en el viaje de transformación digital.

Desafíos y riesgos

A medida que GenAI se integra más en TI, surgen desafíos éticos específicos de esta función, particularmente en el ámbito de la seguridad y la privacidad de los datos. Los sistemas GenAI a menudo requieren grandes cantidades de datos confidenciales para su entrenamiento y operación, lo que genera preocupaciones sobre el acceso no autorizado, las violaciones y el uso indebido. Para el departamento de TI, garantizar la confidencialidad de los datos es primordial, ya que las infracciones podrían exponer información empresarial patentada o detalles confidenciales de los clientes. La implementación de las herramientas de GenAI debe cumplir con regulaciones como HIPPA, GDPR, CCPA y estándares específicos de la industria, lo que hace que la gobernanza ética sea fundamental para evitar daños a la reputación y sanciones legales.

Otro desafío ético es el sesgo dentro de los modelos de GenAI utilizados en los procesos de toma de decisiones de TI. Los sistemas de TI impulsados por la automatización pueden priorizar involuntariamente tipos específicos de datos, lo que da lugar a resultados operativos sesgados. Este sesgo puede comprometer la equidad y la confiabilidad de los servicios de TI, lo que afecta a funciones críticas como la asignación de recursos y la supervisión del sistema. Abordar esto requiere pruebas y validaciones rigurosas para garantizar que las herramientas de GenAI actúen de manera imparcial y funcionen según lo previsto.

Los riesgos asociados con el uso indebido o la dependencia excesiva de la GenAI en TI son significativos. La dependencia excesiva de los sistemas automatizados para la toma de decisiones puede conducir a una disminución de la supervisión humana, lo que aumenta la vulnerabilidad a los errores o a la explotación maliciosa. Si no se gestionan correctamente, los sistemas GenAI podrían hacer predicciones o decisiones incorrectas, causando interrupciones operativas, especialmente en áreas sensibles como la gestión de infraestructuras o la ciberseguridad. La posibilidad de que los actores maliciosos manipulen o hagan un mal uso de las capacidades de GenAI para ciberataques o robo de datos plantea un riesgo significativo.

Otra preocupación es la dependencia de las plataformas GenAI propietarias, que pueden encerrar a las organizaciones en los ecosistemas de proveedores, limitando la flexibilidad y aumentando los costos. Esta dependencia también puede hacer que los equipos de TI sean menos ágiles a la hora de responder a los rápidos cambios tecnológicos. La falta de un plan de contingencia sólido para hacer frente a posibles fallos del sistema agrava aún más los riesgos, ya que las organizaciones pueden tener dificultades para mantener la continuidad si los sistemas GenAI tienen un rendimiento inferior o no están disponibles.

Para hacer frente a estos desafíos, los líderes de TI deben adoptar marcos y directrices integrales diseñados para mitigar los riesgos y maximizar los beneficios de GenAI. A continuación se presentan los enfoques para gestionar estos riesgos en TI:

- **Cifrado de datos y control de acceso**: La implementación de protocolos de cifrado sólidos y autenticación multifactor garantiza que los datos confidenciales procesados por los sistemas GenAI estén protegidos contra el acceso no autorizado.
- **Auditorías de sesgo y validación de modelos**: La auditoría periódica de los modelos de GenAI en busca de sesgos e imprecisiones puede identificar y abordar los defectos, lo que garantiza una toma de decisiones justa y precisa en todas las operaciones de TI.
- **Supervisión humana:** Mantener la supervisión humana de los procesos críticos impulsados por la GenIA permite a los

equipos de TI validar los resultados e intervenir cuando sea necesario, reduciendo los riesgos de dependencia excesiva.

- **Neutralidad y flexibilidad de** los proveedores: Dar prioridad a las plataformas GenAI de código abierto o interoperables reduce el riesgo de dependencia de los proveedores y garantiza que los equipos de TI mantengan el control de su infraestructura.

- **Planificación de la respuesta a incidentes**: El desarrollo de marcos sólidos de respuesta a incidentes, incluidos los protocolos de seguridad y a prueba de fallos, garantiza que las operaciones de TI sigan siendo resistentes durante fallos o interrupciones inesperadas del sistema.

Al adoptar estas estrategias, los equipos de TI pueden mitigar los desafíos éticos y los riesgos operativos que plantea la GenAI, asegurando que su implementación se alinee con los valores organizacionales y brinde beneficios sostenidos. Estos enfoques ayudan a fomentar la confianza en los sistemas GenAI al tiempo que mantienen su fiabilidad y seguridad en las funciones de TI.

Evolución del conjunto de habilidades

La llegada de GenAI está transformando las habilidades requeridas para los profesionales de TI, impulsando el enfoque hacia habilidades más analíticas, creativas y estratégicas. Los roles tradicionales de TI que dependían en gran medida del mantenimiento rutinario y la resolución manual de problemas están evolucionando para requerir experiencia en inteligencia artificial, análisis de datos e integración de sistemas. Los profesionales de TI ahora deben ser expertos en comprender, implementar y administrar sistemas impulsados por IA, al tiempo que garantizan la alineación con los objetivos de la organización y el cumplimiento de los marcos éticos y regulatorios. Este cambio da prioridad a la adaptabilidad, el aprendizaje continuo y la colaboración interdisciplinaria.

Para aprovechar al máximo la GenAI, las organizaciones deben priorizar las iniciativas de capacitación y mejora de habilidades para su fuerza laboral de TI. La alfabetización básica en IA será esencial para todos los profesionales de TI, incluida una sólida comprensión de cómo funcionan los modelos de GenAI, sus limitaciones y sus aplicaciones. Los programas de formación también deben hacer hincapié en las habilidades prácticas en la implementación de herramientas de IA, como la gestión de las API, el ajuste de los modelos de IA y su integración en la infraestructura existente. Los cursos sobre seguridad de datos e implementación ética de la IA son fundamentales, ya que garantizan que los equipos de TI puedan manejar de manera responsable los datos confidenciales y mitigar los riesgos.

Las oportunidades de mejora de habilidades especializadas ayudarán a los profesionales de TI a seguir siendo competitivos y agregar valor. Esto incluye inmersiones profundas en algoritmos de aprendizaje automático, procesamiento de lenguaje natural y análisis de datos avanzados. Las certificaciones en plataformas centradas en IA, como Microsoft Azure AI, AWS AI y las tecnologías de OpenAI, pueden impulsar las credenciales de los profesionales y permitirles supervisar sistemas GenAI complejos. A medida que el campo continúa evolucionando, las organizaciones deben fomentar una cultura de aprendizaje continuo, alentando a los empleados a adoptar tecnologías emergentes y desarrollar soluciones innovadoras para los desafíos de TI.

El potencial transformador de GenAI en TI también abre nuevas oportunidades profesionales, fomentando la creación de roles especializados que antes no existían. Estos puestos requieren una combinación de experiencia técnica y conocimiento del dominio, lo que ofrece vías emocionantes para el desarrollo profesional. A continuación se muestran los cinco principales roles emergentes en TI debido a GenAI:

- **Integrador de sistemas de IA**: Esta función se centra en la integración perfecta de las herramientas de GenAI con la infraestructura de TI existente, lo que garantiza la compatibilidad y el rendimiento óptimo. Los profesionales en esta función actúan como puente entre los sistemas tradicionales y las soluciones impulsadas por IA, agilizando los flujos de trabajo y mejorando la eficiencia.
- **Especialista en ética y cumplimiento de IA**: Con la tarea de supervisar y garantizar el uso ético de los sistemas de IA, este especialista desarrolla políticas para mitigar riesgos, como el uso indebido de datos y el sesgo algorítmico. Trabajan en estrecha colaboración con los equipos legales y de TI para garantizar el cumplimiento normativo y las prácticas éticas en la implementación de GenAI.
- **Arquitecto del ecosistema de datos**: Este profesional diseña y gestiona canalizaciones de datos sólidas para respaldar las operaciones de GenAI. Garantizan la calidad, la

escalabilidad y la seguridad de los datos, lo que permite que los sistemas de IA funcionen de forma eficaz al tiempo que salvaguardan la información confidencial.

- **Desarrollador de aplicaciones GenAI**: Centrado en la creación de soluciones de IA personalizadas, este rol implica desarrollar y ajustar modelos generativos personalizados para casos de uso de TI específicos, como la creación de herramientas de automatización impulsadas por IA o la mejora de las medidas de ciberseguridad.

- **Gestor de colaboración humano-IA**: Este rol híbrido garantiza que las herramientas de GenAI complementen y mejoren los flujos de trabajo humanos en lugar de sustituirlos. Capacitan al personal para aprovechar las herramientas de IA de manera efectiva y fomentan la colaboración entre los equipos humanos y los sistemas de IA para maximizar la productividad y la innovación.

Al adoptar programas de capacitación personalizados y fomentar el desarrollo profesional en estos roles emergentes, las organizaciones pueden posicionar a sus equipos de TI para el éxito en la era de la GenAI. Estos cambios no solo mejoran el impacto estratégico de TI, sino que también garantizan que los profesionales estén equipados para navegar por los desafíos y oportunidades de la transformación impulsada por la IA.

Tendencias emergentes

Se espera que el impacto a largo plazo de GenAI en TI sea transformador, impulsando una eficiencia, innovación y adaptabilidad sin precedentes en toda la función. A medida que GenAI continúa evolucionando, redefinirá el papel de la TI dentro de las organizaciones, pasando de un enfoque puramente operativo a uno más estratégico. Los departamentos de TI actuarán cada vez más como el eje para aprovechar GenAI para crear ventajas competitivas, optimizar procesos y permitir la toma de decisiones basada en datos en todas las funciones empresariales.

Las tendencias emergentes en GenAI están preparadas para influir significativamente en las estrategias y operaciones de TI. Una tendencia notable es la convergencia de GenAI con otras tecnologías avanzadas, como la computación periférica y la computación cuántica, lo que permite un procesamiento más rápido y soluciones impulsadas por IA en tiempo real en el perímetro. Esto revolucionará áreas como la gestión de IoT y la ciberseguridad al permitir que los dispositivos tomen decisiones autónomas. Otra tendencia emergente es el desarrollo de la IA explicable (XAI), que aborda la necesidad de transparencia y confianza en los sistemas de IA. A medida que las organizaciones confían cada vez más en la IA para las operaciones críticas, las herramientas que proporcionan información sobre cómo los modelos de GenAI toman decisiones se volverán indispensables, especialmente en industrias altamente reguladas.

Otras tendencias incluyen avances en IA multimodal, donde los sistemas pueden procesar y generar datos a través de múltiples tipos de entradas (por ejemplo, texto, imágenes, audio), creando un enfoque unificado para manejar diversos conjuntos de datos. La democratización de las herramientas de IA, impulsada por plataformas low-code y no-code, también permitirá a los equipos de TI e incluso a los empleados no técnicos desplegar y gestionar aplicaciones GenAI, mejorando la accesibilidad y la innovación en todos los departamentos. La sostenibilidad emergerá como un enfoque clave, y las organizaciones priorizarán las soluciones de GenAI energéticamente eficientes para cumplir con sus objetivos ambientales, sociales y de gobernanza (ESG).

Para seguir siendo competitivas en este panorama en rápida evolución, las organizaciones deben establecer prioridades estratégicas que se alineen con las tendencias emergentes y preparar sus funciones de TI para el futuro. A continuación se presentan las cinco principales prioridades estratégicas para aprovechar GenAI de manera efectiva en TI:

- **Adoptar una infraestructura de IA preparada para el futuro**: Las organizaciones deben invertir en una infraestructura de IA escalable, segura e interoperable que admita las implementaciones de GenAI. Esto incluye plataformas nativas de la nube, sistemas avanzados de gestión de datos y hardware preparado para IA capaz de manejar cargas de trabajo complejas.
- **Fomentar la colaboración interdisciplinaria**: El éxito de GenAI depende de la colaboración entre los equipos de TI, negocios y ciencia de datos. El establecimiento de flujos de trabajo integrados y equipos multifuncionales garantiza que las iniciativas de GenAI se alineen con los objetivos empresariales y aporten un valor medible.
- **Desarrollar prácticas de IA éticas y transparentes**: Generar confianza en la GenAI requiere un fuerte enfoque

en la ética y la transparencia. Las organizaciones deben adoptar marcos para el uso responsable de la IA, haciendo hincapié en la explicabilidad, la mitigación de sesgos y el cumplimiento de las normativas en evolución.

- **Invertir en aprendizaje continuo y mejora de habilidades**: El rápido ritmo de los avances de GenAI exige una educación continua para los profesionales de TI. Las organizaciones deben priorizar los programas de capacitación para desarrollar experiencia en tecnologías de IA, seguridad de datos e integración de sistemas, asegurando que sus equipos permanezcan a la vanguardia de la innovación.

- **Adoptar una gestión proactiva de riesgos**: Para mitigar los riesgos asociados a la GenIA, las organizaciones deben establecer estructuras de gobernanza sólidas y adoptar herramientas de supervisión predictiva. Esto garantiza que los posibles problemas, como la desviación del modelo, las filtraciones de datos o las infracciones de cumplimiento, se aborden con prontitud.

Al centrarse en estas prioridades estratégicas, las organizaciones pueden aprovechar el potencial transformador de la GenAI mientras navegan por las complejidades de su implementación. A medida que las funciones de TI continúan evolucionando, la adopción de estas estrategias con visión de futuro posicionará a las empresas para prosperar en un futuro impulsado por la IA.

Conclusión

GenAI tiene un potencial sin precedentes para revolucionar la función de TI al mejorar la eficiencia, permitir la innovación y crear nuevos paradigmas para la toma de decisiones y la resolución de problemas. Su capacidad para automatizar procesos rutinarios, generar información procesable e integrarse sin problemas con las tecnologías existentes posiciona a TI como un facilitador estratégico para la transformación empresarial. Al adoptar GenAI, las organizaciones no solo pueden modernizar sus operaciones de TI, sino también impulsar la ventaja competitiva en todas las funciones comerciales.

Liberar todo el potencial de GenAI requiere previsión estratégica y adaptabilidad. Los líderes de TI deben abordar la implementación de GenAI con una visión integral que alinee las capacidades tecnológicas con los objetivos de negocio. Esto implica no solo invertir en infraestructura de IA de vanguardia, sino también cultivar una cultura organizacional que abrace la innovación. El pensamiento estratégico debe ir más allá de los beneficios inmediatos para incluir la planificación a largo plazo, garantizando que la GenAI siga siendo sostenible, ética y cumpla con los estándares regulatorios. Las organizaciones deben anticiparse y adaptarse a los rápidos avances en la tecnología de IA para mantenerse a la vanguardia.

La adaptabilidad es igualmente crítica para preparar a la fuerza laboral para los profundos cambios que GenAI trae a los roles y responsabilidades de TI. A medida que la automatización remodela los flujos de trabajo y los procesos de toma de decisiones, los equipos de TI deberán desarrollar nuevos conjuntos de habilidades, adoptar la colaboración interfuncional y asumir roles que combinen la experiencia técnica con la visión estratégica. Al fomentar una cultura de aprendizaje e innovación continuos, las organizaciones pueden empoderar a sus profesionales de TI para que prosperen en un entorno impulsado por la GenIA. El éxito de la integración de la GenAI dependerá de un enfoque equilibrado que combine la innovación tecnológica con prácticas éticas, una gobernanza sólida y un compromiso con el desarrollo de la fuerza laboral, lo que garantiza el crecimiento sostenible y la resiliencia frente a los desafíos en constante evolución.

Conclusiones clave

1. **Impacto transformador de GenAI en TI:** GenAI está remodelando fundamentalmente las operaciones de TI mediante la automatización de tareas repetitivas, la optimización de los flujos de trabajo y la habilitación del análisis predictivo. Esto permite a los profesionales de TI centrarse más en las iniciativas estratégicas y la innovación, fomentando un entorno de mejora continua.
2. **Evolución de las habilidades de los profesionales de TI:** La adopción de GenAI requiere nuevas habilidades en la gestión de modelos de IA, la seguridad de los datos y la integración de sistemas. Los equipos de TI deben invertir en el aprendizaje continuo y la mejora de las habilidades para seguir siendo competitivos y relevantes en este panorama en rápida evolución.
3. **Preparación ética y regulatoria:** Garantizar el cumplimiento de las leyes de protección de datos y los estándares éticos es fundamental para aprovechar GenAI de manera responsable. Las organizaciones deben desarrollar

marcos para abordar la transparencia, la mitigación de sesgos y la rendición de cuentas para generar confianza en las partes interesadas.

4. **Estrategias de integración para GenAI:** La integración fluida de GenAI en los sistemas e infraestructuras existentes es esencial para maximizar su potencial. Aprovechar las plataformas en la nube, las API y el middleware puede facilitar la interoperabilidad y garantizar transiciones fluidas en los entornos de TI.

5. **Tendencias y oportunidades futuras:** Las tendencias emergentes, como la ciberseguridad impulsada por la IA, la hiperautomatización y la analítica avanzada, presentan inmensas oportunidades para las funciones de TI. Las organizaciones que se alinean con estas tendencias pueden desbloquear nuevos modelos de negocio, mejorar la toma de decisiones y mantener las ventajas competitivas.

El capítulo subraya el potencial transformador de GenAI para redefinir las operaciones de TI, los conjuntos de habilidades y las prioridades estratégicas, no solo dentro de la función de TI, sino en toda la organización. Para los líderes de TI, este es un llamado a la acción para adoptar la GenAI con previsión estratégica, fomentar una cultura de aprendizaje y adaptabilidad, e invertir en marcos éticos y de gobernanza sólidos. Igualmente importante es colaborar con otras funciones empresariales, como marketing, operaciones y finanzas, para identificar e implementar soluciones GenAI multifuncionales que impulsen la eficiencia, la innovación y la creación de valor. Al abordar de manera proactiva los desafíos, aprovechar las oportunidades y defender la adopción en toda la organización, los líderes de TI pueden posicionar a sus organizaciones a la vanguardia de la innovación en la era impulsada por la IA.

CAPÍTULO 5: ESTRATEGIA Y PLANIFICACIÓN CORPORATIVA

Introducción a GenAI en Estrategia y Planificación Corporativa

La estrategia y la planificación corporativas son la columna vertebral de cualquier organización, guiando su dirección a largo plazo, la asignación de recursos y los procesos de toma de decisiones. Esta función es fundamental para garantizar que la empresa siga siendo competitiva, alinee sus esfuerzos con las oportunidades del mercado y aborde los desafíos cambiantes de la industria. Al sintetizar las aportaciones de varios departamentos y las tendencias del mercado, la estrategia y la planificación corporativas impulsan el crecimiento y la innovación organizacionales cohesivos.

GenAI está revolucionando la estrategia y la planificación corporativa al permitir a los líderes procesar grandes cantidades de datos, predecir tendencias futuras y simular escenarios potenciales. A diferencia de los métodos tradicionales, que se basan en gran medida en el análisis manual y la intuición, GenAI introduce una velocidad, precisión y profundidad sin precedentes en la toma de decisiones. Con la capacidad de identificar oportunidades emergentes, optimizar la asignación de recursos y adaptar las estrategias de forma dinámica, GenAI permite a las organizaciones seguir siendo ágiles en un panorama empresarial que cambia rápidamente. La capacidad de GenAI para analizar datos no estructurados, como artículos de noticias, tendencias de las redes sociales y el sentimiento de los clientes, proporciona información estratégica que antes era inaccesible.

GenAI facilita la colaboración en toda la organización mediante la generación de informes, presentaciones y resúmenes adaptados a las diferentes partes interesadas. Permite la planificación de escenarios y la evaluación de riesgos a través de simulaciones avanzadas, lo que ayuda a las empresas a prepararse para posibles interrupciones o a capitalizar nuevas oportunidades. Al automatizar las tareas intensivas en mano de obra, GenAI permite a los planificadores estratégicos centrarse en actividades de alto valor, como dar forma a la visión de la organización y fomentar la innovación.

A pesar de su potencial transformador, la estrategia y la planificación corporativas se enfrentan a varios retos que GenAI puede abordar. Un problema importante es el abrumador volumen de datos que las organizaciones deben procesar para tomar decisiones informadas. Las herramientas analíticas tradicionales a menudo se quedan cortas en la gestión de esta complejidad, lo que lleva a obtener información más lenta y menos precisa. GenAI aborda esto sintetizando rápidamente grandes conjuntos de datos y destacando patrones procesables. Otro desafío es la dificultad de predecir con precisión las interrupciones del mercado o los cambios económicos. Las capacidades de modelado predictivo de GenAI mejoran la previsión, lo que permite a las organizaciones ajustar sus estrategias de manera proactiva.

Alinear los objetivos operativos a corto plazo con los objetivos estratégicos a largo plazo sigue siendo una brecha persistente en muchas organizaciones. GenAI ayuda a cerrar esta brecha mediante la identificación de superposiciones, conflictos y sinergias entre funciones. La dependencia de marcos de planificación estáticos e inflexibles puede dificultar la adaptabilidad. GenAI presenta herramientas de planificación dinámicas y en tiempo real que permiten la iteración y la mejora continuas. La necesidad de una comunicación más clara de los objetivos estratégicos entre los diversos equipos es otro obstáculo. Las capacidades de generación de lenguaje natural de GenAI garantizan que las estrategias complejas se transmitan de manera efectiva a todas las partes interesadas, fomentando la alineación y el compromiso.

Impacto transformacional

GenAI está remodelando fundamentalmente la estrategia y la planificación corporativa al permitir niveles sin precedentes de conocimiento, agilidad y precisión en la toma de decisiones. La planificación estratégica tradicional a menudo se basa en datos estáticos, tendencias históricas e intuición humana. GenAI presenta la capacidad de analizar conjuntos de datos vastos y complejos en tiempo real, identificar patrones, simular escenarios futuros y generar información procesable con una velocidad notable. Esta transformación permite a las organizaciones responder a las dinámicas cambiantes del mercado con agilidad y confianza. La capacidad de GenAI para el procesamiento y la generación de lenguaje natural la convierte en una herramienta valiosa para comunicar estrategias, elaborar informes e involucrar a las partes interesadas.

El impacto de la GenAI va más allá de las capacidades analíticas; Impulsa la innovación y la previsión. Las organizaciones ahora pueden explorar escenarios hipotéticos y ejecutar análisis predictivos para evaluar los resultados de varias decisiones estratégicas. GenAI puede simular cómo los diferentes modelos de precios, las estrategias de expansión del mercado o las configuraciones de la cadena de suministro pueden influir en la rentabilidad a largo plazo. Al reducir la dependencia de la intuición y permitir estrategias basadas en evidencia, GenAI empodera a los líderes para que tomen decisiones más informadas y con visión de futuro. Esto es especialmente valioso en una época en la que las empresas se enfrentan a una complejidad e incertidumbre cada vez mayores.

Los cambios en los flujos de trabajo, la toma de decisiones y la dinámica del equipo son profundos. Los flujos de trabajo de planificación estratégica son cada vez más iterativos y basados en datos, ya que la información generada por la IA permite el perfeccionamiento continuo de las estrategias. Los procesos de toma de decisiones están evolucionando para incorporar recomendaciones generadas por IA como complemento a la experiencia humana. La dinámica del equipo está cambiando a medida que GenAI se hace cargo de tareas repetitivas y que requieren mucho tiempo, lo que permite a los equipos centrarse en actividades de mayor valor, como el análisis estratégico, la innovación y la participación de las partes interesadas.

Con la adopción de la GenIA, se produce un cambio significativo en el enfoque o las prioridades. Las organizaciones ahora están enfatizando la agilidad, la planificación de escenarios y la capacidad de respuesta en tiempo real como elementos centrales de la estrategia. La dependencia tradicional de los ciclos de planificación estratégica anuales o trimestrales está siendo reemplazada por una planificación continua y dinámica habilitada por los conocimientos continuos de GenAI. Este cambio garantiza que las organizaciones sigan siendo competitivas en mercados que cambian rápidamente y puedan cambiar de estrategia según sea necesario.

El potencial transformador de GenAI en la estrategia y planificación corporativa presenta varias oportunidades clave:

- **Planificación dinámica de escenarios:** GenAI puede generar múltiples escenarios futuros basados en las tendencias del mercado, los indicadores económicos y la dinámica competitiva. Esto permite a las organizaciones evaluar riesgos y oportunidades y preparar estrategias sólidas para diversas contingencias.
- **Inteligencia de mercado mejorada:** Con análisis en tiempo real de datos del mercado global, GenAI proporciona información detallada sobre las tendencias emergentes, los comportamientos de los clientes y los movimientos competitivos, lo que ayuda a las organizaciones a adelantarse a las interrupciones de la industria.
- **Apoyo a la toma de decisiones basado en datos:** GenAI aumenta la toma de decisiones al proporcionar recomendaciones basadas en evidencia, simular resultados y ofrecer información imparcial, lo que reduce el riesgo de sesgos humanos en la planificación estratégica.
- **Informes estratégicos personalizables:** Las capacidades de generación de lenguaje natural de GenAI permiten a las organizaciones producir informes y presentaciones estratégicas personalizados y de alta calidad, mejorando la comunicación con las partes interesadas y alineando a los equipos en torno a objetivos comunes.
- **Aceleración de la innovación:** Al identificar las necesidades insatisfechas del mercado, proponer modelos de negocio

innovadores y pronosticar el impacto de nuevas iniciativas, GenAI impulsa el desarrollo de estrategias innovadoras que impulsan el crecimiento.

La incorporación de GenAI en la estrategia y la planificación corporativas permite a las organizaciones pasar de una toma de decisiones reactiva a una proactiva, impulsada por análisis avanzados, simulaciones y planificación de escenarios. Al optimizar los flujos de trabajo, mejorar la toma de decisiones y fomentar la innovación, GenAI eleva las capacidades estratégicas de las organizaciones, permitiéndoles navegar por las complejidades con claridad y precisión. El resultado es un enfoque más ágil, informado y con visión de futuro para lograr el éxito a largo plazo.

Tecnologías y herramientas clave

GenAI está respaldada por una gama de modelos, plataformas y herramientas de vanguardia que son particularmente adecuados para mejorar la estrategia y la planificación corporativas. Herramientas como los modelos GPT de OpenAI, Bard de Google y las soluciones de IA de IBM Watson proporcionan capacidades de procesamiento de lenguaje natural y aprendizaje automático que permiten a las organizaciones extraer información de datos no estructurados, simular escenarios y generar informes detallados. Plataformas como Tableau, Power BI y Snowflake ofrecen una integración perfecta con las herramientas de GenAI, lo que permite la visualización y el análisis de datos en tiempo real para respaldar el desarrollo de estrategias.

La integración con tecnologías o sistemas existentes es un paso crítico para maximizar el valor de GenAI en la estrategia corporativa. Las organizaciones a menudo confían en sistemas heredados, plataformas ERP y bases de datos propietarias para sus necesidades de datos. Las herramientas de GenAI deben integrarse a la perfección con estos sistemas para garantizar un flujo fluido de datos y evitar silos. La integración de GenAI con plataformas de CRM como Salesforce o herramientas de gestión de la cadena de suministro como SAP garantiza que los datos de varias funciones se puedan analizar de manera cohesiva para informar las decisiones estratégicas. Dicha integración requiere API sólidas, soluciones de middleware y un enfoque en la estandarización de datos para garantizar la compatibilidad y la confiabilidad.

Otro aspecto de la integración consiste en aprovechar la infraestructura en la nube para facilitar la adopción de GenAI. Las plataformas en la nube como AWS, Google Cloud y Microsoft Azure ofrecen soluciones escalables para implementar modelos de IA y administrar grandes cantidades de datos. Estas plataformas también proporcionan características de seguridad y herramientas de cumplimiento esenciales para salvaguardar la información corporativa confidencial. Al integrar GenAI con herramientas de análisis basadas en la nube y plataformas de colaboración, las organizaciones pueden crear un centro centralizado para la planificación estratégica, fomentando la colaboración y la toma de decisiones interfuncionales.

Las tendencias técnicas que influyen en la función están dando forma a la forma en que se desarrolla e implementa la estrategia corporativa. Estas tendencias están impulsadas por los avances en IA, análisis de datos y automatización, que han redefinido el panorama estratégico.

- **Análisis predictivo con IA:** El auge de los análisis predictivos impulsados por IA permite a las organizaciones anticipar las tendencias del mercado, los comportamientos de los clientes y los riesgos operativos. Al analizar datos históricos y en tiempo real, los modelos predictivos ayudan a las organizaciones a diseñar estrategias proactivas y mitigar los riesgos.
- **Integración de datos en tiempo real: Con** el creciente acceso a datos en tiempo real de dispositivos IoT, redes sociales y otras fuentes, las organizaciones pueden refinar continuamente sus estrategias para alinearse con la dinámica actual del mercado. Esta capacidad mejora la agilidad y la capacidad de respuesta.
- **Herramientas de simulación de escenarios: Las** herramientas de GenAI ahora son capaces de simular escenarios complejos, como interrupciones del mercado o cambios en las políticas, lo que permite a las organizaciones probar varios resultados estratégicos y seleccionar el curso de acción más sólido.
- **Procesamiento del lenguaje natural para obtener información:** Los avances de NLP permiten a GenAI analizar datos no estructurados, como informes de la industria o documentos regulatorios, extrayendo información procesable que antes era difícil de descubrir manualmente.
- **IA ética y gobernanza: A** medida que crece el papel de la IA en la estrategia, aumenta paralelamente las herramientas y los marcos para garantizar el uso ético de la IA. Estas

herramientas ayudan a las organizaciones a alinear sus estrategias con los estándares de cumplimiento y las expectativas de la sociedad.

La integración de GenAI en la estrategia y planificación corporativa se basa en una combinación de modelos de IA avanzados, una integración tecnológica sin fisuras y la adopción de tendencias emergentes. Al aprovechar las herramientas que mejoran el análisis predictivo, la información en tiempo real y la gobernanza ética de la IA, las organizaciones pueden crear un marco estratégico que sea ágil y con visión de futuro. Estas tecnologías permiten a las empresas navegar por las complejidades, aprovechar las oportunidades y crear resiliencia para el futuro.

Desafíos y riesgos

La integración de la GenAI en la estrategia y la planificación corporativas presenta una serie de desafíos éticos que deben abordarse cuidadosamente para garantizar un uso responsable y eficaz. Una preocupación ética importante es la posibilidad de sesgo en los algoritmos de GenAI. Estos sistemas, entrenados con conjuntos de datos extensos, pueden propagar inadvertidamente sesgos inherentes a los datos. Para la estrategia corporativa, los resultados sesgados podrían conducir a una toma de decisiones inequitativa, favoreciendo a grupos demográficos o regiones específicas sobre otros. La opacidad de los sistemas GenAI, a menudo denominada el problema de la "caja negra", crea desafíos en la transparencia y la rendición de cuentas. En el caso de los procesos de toma de decisiones que afectan a las partes interesadas, la incapacidad de explicar plenamente las recomendaciones impulsadas por la IA puede generar desconfianza y obstaculizar la alineación de las partes interesadas.

Otro desafío ético radica en el equilibrio entre la automatización y la intervención humana. Si bien la GenAI puede procesar y sintetizar grandes cantidades de información para informar estrategias, la dependencia excesiva de dichos sistemas corre el riesgo de disminuir el valor de la intuición y la creatividad humanas. La planificación estratégica requiere una comprensión matizada de las tendencias del mercado, los factores culturales y el comportamiento humano, elementos que la GenIA, a pesar de su destreza computacional, puede no capturar por completo. Garantizar que la IA complemente el juicio humano, en lugar de sustituirlo, es fundamental para el desarrollo de estrategias éticas y eficaces.

Los riesgos de uso indebido o dependencia de la GenAI en la estrategia y planificación corporativa son igualmente significativos. Una preocupación clave es el potencial de uso indebido, donde la GenAI se aplica para manipular las percepciones de las partes interesadas o producir información engañosa que se alinea con los sesgos preexistentes dentro de la organización. Tales prácticas podrían erosionar la confianza y dañar la reputación de la organización. La dependencia de las herramientas de GenAI puede llevar a la simplificación excesiva de desafíos estratégicos complejos, ya que los responsables de la toma de decisiones pueden priorizar la velocidad y la eficiencia sobre la minuciosidad y el análisis crítico. Esta dependencia podría dar lugar a una pérdida de agilidad estratégica y adaptabilidad, especialmente si los modelos de IA no tienen en cuenta los cambios o las disrupciones de los mercados emergentes.

Los riesgos de seguridad también se ciernen sobre el uso de GenAI para la planificación estratégica. Los datos corporativos confidenciales utilizados para entrenar o informar a los sistemas de GenAI podrían volverse vulnerables a los ciberataques, lo que resultaría en violaciones de datos o la exposición de estrategias propietarias. Los errores o fallos de funcionamiento de los sistemas GenAI pueden dar lugar a predicciones erróneas, estrategias defectuosas y pérdidas financieras significativas. Abordar estos riesgos requiere una planificación proactiva y una vigilancia continua para garantizar que GenAI opere dentro de un marco seguro y controlado.

Para mitigar estos riesgos, las organizaciones pueden adoptar marcos estructurados y directrices que prioricen el uso ético y la alineación estratégica:

- **Auditoría y mitigación de sesgos**: Las organizaciones deben implementar auditorías periódicas de los sistemas GenAI para identificar y corregir los sesgos en los datos y algoritmos. Aprovechar diversos conjuntos de datos y fomentar prácticas de desarrollo inclusivas puede ayudar a reducir el riesgo de resultados sesgados.
- **Protocolos de colaboración entre humanos e IA:** Establezca pautas claras para integrar los conocimientos de GenAI con el juicio humano. Fomentar un enfoque colaborativo en el que la GenAI sirva como herramienta

analítica, mientras que las decisiones estratégicas finales permanecen bajo supervisión humana.

- **Estándares de transparencia y explicabilidad:** Adopte herramientas y procesos que mejoren la explicabilidad de los resultados de GenAI. Esto incluye la creación de documentación clara de cómo funcionan los modelos y garantizar que todas las partes interesadas comprendan la lógica detrás de las recomendaciones impulsadas por la IA.

- **Sólidas medidas de seguridad de datosProteja los datos corporativos confidenciales mediante el empleo de cifrado, controles de acceso y evaluaciones de seguridad periódicas. Invierta en** marcos de ciberseguridad adaptados a los sistemas de IA para evitar el acceso no autorizado y las violaciones de datos.

- **Monitoreo y evaluación** continuos: Implementar mecanismos para el monitoreo y la evaluación continuos del desempeño de los sistemas GenAI. Esto garantiza que los modelos sigan siendo precisos, relevantes y alineados con los objetivos de la organización, al mismo tiempo que identifican y abordan cualquier consecuencia no deseada.

Al adoptar estas medidas, las organizaciones pueden aprovechar el potencial transformador de GenAI en la estrategia corporativa y, al mismo tiempo, protegerse contra los riesgos éticos, operativos y de seguridad asociados con su implementación.

Evolución del conjunto de habilidades

La introducción de la GenAI en la estrategia y planificación corporativa está remodelando fundamentalmente las habilidades requeridas para los profesionales en este campo. Los planificadores estratégicos y los responsables de la toma de decisiones ahora necesitan combinar la experiencia tradicional en análisis de mercado, previsión y modelado empresarial con competencias técnicas avanzadas, como la alfabetización en IA, el análisis de datos y la capacidad de interpretar los conocimientos impulsados por la IA. La creciente dependencia de los sistemas de IA para generar escenarios, predecir las tendencias del mercado y sintetizar grandes cantidades de datos está empujando a los profesionales a desarrollar conjuntos de habilidades híbridas que cierren la brecha entre la tecnología y el pensamiento estratégico.

Para adaptarse a estos cambios, las organizaciones deben priorizar programas integrales de capacitación y mejora de habilidades para sus equipos estratégicos. La alfabetización básica en IA es esencial. Los profesionales necesitan entender cómo funcionan los sistemas GenAI, sus capacidades y sus limitaciones. Esto incluye capacitación en temas como los conceptos básicos del aprendizaje automático, el procesamiento del lenguaje natural y la interpretabilidad de modelos. Este conocimiento permite a los profesionales evaluar críticamente los resultados impulsados por la IA e integrarlos en los procesos estratégicos de manera efectiva.

Las habilidades de toma de decisiones basadas en datos son cada vez más críticas. Los planificadores estratégicos deben ser expertos en trabajar con grandes conjuntos de datos, extraer información procesable y validar las recomendaciones generadas por la IA. Los esfuerzos de mejora de las competencias deben centrarse en el desarrollo de la competencia en las herramientas y plataformas utilizadas para el análisis y la visualización de datos, garantizando que los profesionales puedan navegar con confianza por los aspectos técnicos de los sistemas GenAI. Igualmente importante es fomentar habilidades blandas como la creatividad, el pensamiento crítico y la comunicación. Estas habilidades centradas en el ser humano son vitales para interpretar los conocimientos de la GenIA, elaborar estrategias innovadoras y articular eficazmente las recomendaciones impulsadas por la IA a las partes interesadas.

A medida que GenAI remodela el panorama de la estrategia corporativa, también está creando oportunidades para nuevos roles y trayectorias profesionales. Estos roles reflejan la creciente intersección de la tecnología, la ciencia de datos y la toma de decisiones estratégicas:

- **Arquitecto de estrategias impulsado por IA**: Los profesionales en este rol diseñan e implementan herramientas de GenAI para respaldar los procesos de planificación estratégica. Se aseguran de que los modelos de IA se alineen con los objetivos de la organización y aprovechen los datos para generar información empresarial procesable.
- **Analista de datos estratégicos**: Estos analistas se especializan en interpretar pronósticos impulsados por IA y extraer información procesable de grandes conjuntos de datos. Cierran la brecha entre los sistemas de GenAI y los responsables de la toma de decisiones, garantizando que los resultados de la IA sean relevantes y precisos.

- **Estratega ético de IA:** Centrados en garantizar el uso ético y responsable de la GenIA en la estrategia corporativa, estos profesionales desarrollan marcos para la mitigación de sesgos, la transparencia y la rendición de cuentas. Desempeñan un papel clave en la creación de confianza y cumplimiento en la planificación impulsada por la IA.
- **Especialista en estrategia de innovación:** Con la tarea de aprovechar GenAI para identificar tendencias y oportunidades emergentes, estos especialistas ayudan a las organizaciones a mantenerse a la vanguardia mediante la integración de conocimientos de IA con visión de futuro en la planificación estratégica.
- **Consultor de integración de IA:** Estos expertos se centran en incorporar las herramientas de GenAI en los flujos de trabajo y sistemas estratégicos existentes. Garantizan una integración perfecta, optimizan el rendimiento del sistema y proporcionan soporte continuo para las iniciativas de planificación impulsadas por la IA.

Al evolucionar los conjuntos de habilidades, invertir en programas de capacitación y adoptar estos roles emergentes, las organizaciones pueden aprovechar al máximo el potencial transformador de GenAI en la estrategia y la planificación corporativas, al tiempo que empoderan a sus equipos para prosperar en un entorno mejorado por la IA.

Tendencias emergentes

El impacto a largo plazo de GenAI en la estrategia y la planificación corporativas está llamado a ser transformador. Al automatizar análisis complejos, generar información predictiva y facilitar la planificación dinámica de escenarios, GenAI permitirá a las organizaciones ser más ágiles, basadas en datos y con visión de futuro. Esta tecnología no solo agilizará los procesos estratégicos tradicionales, sino que también permitirá enfoques completamente nuevos para la toma de decisiones, lo que permitirá a las empresas adaptarse rápidamente a los cambios del mercado, las necesidades de los clientes y las oportunidades emergentes.

Una de las tendencias más significativas es el aumento del desarrollo de estrategias en tiempo real. La capacidad de GenAI para procesar conjuntos de datos masivos y proporcionar información instantánea está cambiando la planificación estratégica de una actividad periódica a un proceso continuo e iterativo. Las organizaciones están empezando a adoptar modelos de estrategia "siempre activos" en los que la toma de decisiones evoluciona dinámicamente en respuesta a las condiciones del mercado, las acciones de la competencia y los comportamientos de los clientes. Esta tendencia exige un cambio en la cultura organizacional, enfatizando la flexibilidad y la capacidad de respuesta.

Otra tendencia emergente es la integración de la simulación avanzada y el modelado de escenarios en los procesos estratégicos. GenAI permite a las empresas crear simulaciones hiperrealistas de escenarios de mercado, lo que permite a los líderes probar estrategias en entornos virtuales antes de su implementación. Esto no solo minimiza los riesgos, sino que también fomenta una cultura de experimentación e innovación. La GenAI está influyendo en el cambio hacia estrategias corporativas personalizadas, en las que los conocimientos adaptados a mercados, datos demográficos o geografías específicos impulsan decisiones localizadas dentro de un marco estratégico global.

Para aprovechar todo el potencial de GenAI en la estrategia y planificación corporativa, las organizaciones deben priorizar ciertas acciones estratégicas:

- **Desarrollo de marcos de decisión impulsados por IA**: Establezca marcos estructurados para integrar los conocimientos de GenAI en la toma de decisiones. Estos marcos deben incluir protocolos para validar los resultados de la IA, garantizar la transparencia y alinear las recomendaciones impulsadas por la IA con los objetivos de la organización.
- **Invertir en infraestructura de datos**: Construya ecosistemas de datos sólidos para respaldar las capacidades de GenAI. Esto incluye invertir en plataformas de datos seguras, escalables e interoperables que permitan el intercambio y el análisis de datos sin problemas entre funciones.
- **Fomentar la colaboración interfuncional**: Fomente la colaboración entre los equipos de estrategia, los científicos de datos y los especialistas en IA. Los equipos multifuncionales pueden traducir eficazmente los conocimientos de GenAI en estrategias procesables, lo que garantiza la alineación entre los departamentos.

- **Priorizar las prácticas éticas** de IA: Desarrollar directrices éticas y estructuras de gobernanza para garantizar el uso responsable de la GenIA. Esto incluye abordar las preocupaciones en torno a la privacidad de los datos, el sesgo y la responsabilidad en las decisiones estratégicas impulsadas por la IA.

- **Cultivar una cultura estratégica ágil**: Cambie la cultura organizacional hacia la agilidad fomentando la experimentación, aceptando el fracaso como una oportunidad de aprendizaje e iterando estrategias basadas en conocimientos impulsados por GenAI. Este cambio cultural es fundamental para maximizar los beneficios del desarrollo de estrategias dinámicas y en tiempo real.

Al centrarse en estas prioridades, las organizaciones pueden navegar eficazmente por las oportunidades y los desafíos que plantea la GenAI, garantizando que sus procesos de planificación estratégica sigan siendo competitivos, innovadores y resilientes en un futuro impulsado por la IA.

Conclusión

GenAI representa una fuerza transformadora en la estrategia y la planificación corporativa, ya que ofrece capacidades sin precedentes para analizar datos, generar información y explorar escenarios a una profundidad y velocidad antes inimaginables. Al integrar la GenAI en los procesos estratégicos, las organizaciones pueden pasar de una planificación reactiva a una proactiva, aprovechando los conocimientos predictivos y la inteligencia en tiempo real para navegar por un panorama empresarial cada vez más complejo y competitivo. La capacidad de automatizar tareas repetitivas, descubrir oportunidades ocultas y simular resultados permite a los líderes centrarse en la toma de decisiones de alto valor que impulsan el crecimiento y la innovación.

Para aprovechar al máximo el potencial de la GenIA, las organizaciones deben adoptar un pensamiento estratégico que vaya más allá de la adopción de la tecnología. GenAI no es una solución independiente, sino una herramienta que amplifica la creatividad y el juicio humanos. Los líderes deben fomentar una mentalidad que aproveche la IA como un socio colaborador en la toma de decisiones, al tiempo que permanecen atentos a sus limitaciones. Esto incluye la creación de marcos sólidos para integrar los conocimientos de la IA en las estrategias organizativas, garantizar que se alineen con los objetivos generales y perfeccionarlos mediante el aprendizaje y la iteración continuos.

La adaptabilidad es fundamental en la era de la GenAI. A medida que la tecnología evoluciona, también deben evolucionar las estrategias y los sistemas que respaldan su implementación. Las organizaciones deben seguir siendo ágiles, evaluando constantemente el impacto de las estrategias impulsadas por la IA y ajustándolas para reflejar las realidades del mercado y los avances tecnológicos. Esto requiere no solo experiencia técnica, sino también preparación cultural, fomentando la experimentación, aceptando el cambio e incorporando una mentalidad de aprendizaje en todos los niveles de la organización. Al combinar la visión estratégica con la adaptabilidad, las empresas pueden aprovechar el poder transformador de la GenAI para lograr un éxito sostenible en un mundo que cambia rápidamente.

Conclusiones clave

1. **GenAI permite la toma de decisiones basada en datos**: GenAI empodera a los estrategas corporativos mediante el análisis de vastos conjuntos de datos y la entrega de información procesable. Identifica patrones, predice resultados y ayuda a los líderes a tomar decisiones informadas con un mayor grado de confianza, optimizando la planificación y la agilidad a largo plazo.

2. **Planificación estratégica de escenarios a escala**: GenAI mejora la planificación de escenarios mediante la generación y simulación de múltiples rutas estratégicas en tiempo real. Esta capacidad permite a los líderes evaluar los riesgos y las oportunidades de manera más efectiva, asegurándose de que estén preparados para las diversas condiciones futuras del mercado.

3. **Transformación del flujo de trabajo y la dinámica de equipo**: Al automatizar tareas repetitivas y con muchos datos, GenAI permite a los equipos centrarse en el pensamiento estratégico de alto valor. Facilita la colaboración entre departamentos, lo que garantiza que la estrategia se alinee con los objetivos empresariales más amplios y aumente la eficiencia.

4. **El uso ético y responsable de la IA es primordial**: Las funciones de estrategia corporativa deben abordar consideraciones éticas, como la transparencia, la seguridad de los datos y la mitigación de sesgos, al integrar la GenAI. La

implementación de marcos garantiza el uso responsable de la IA y salvaguarda su alineación con los valores organizacionales.

5. **Las habilidades y roles futuros evolucionarán**: La adopción de GenAI requerirá que los profesionales adquieran nuevas habilidades en la interpretación, integración y gobernanza ética de la IA. El auge de roles como los especialistas en estrategia de IA y los oficiales de cumplimiento ético redefinirá las necesidades de talento dentro del dominio de la estrategia corporativa.

La integración de GenAI en la estrategia corporativa no se trata simplemente de aprovechar la tecnología avanzada, sino de reimaginar cómo las organizaciones planifican y se adaptan a un panorama en constante cambio. Las empresas deben actuar ahora para alinear sus prioridades estratégicas con las oportunidades que ofrece GenAI y, al mismo tiempo, abordar los desafíos que conlleva su adopción. Al fomentar una cultura de innovación, gobernanza ética y aprendizaje continuo, los líderes pueden posicionar a sus organizaciones no solo para sobrevivir, sino también para prosperar en el futuro dinámico impulsado por la IA. Este es un momento crucial para explorar cómo GenAI puede redefinir la esencia misma de la planificación y ejecución estratégica.

CAPÍTULO 6: COMERCIALIZACIÓN

Introducción a GenAI en Marketing

El marketing es una piedra angular de todo negocio exitoso, responsable de crear conciencia de marca, impulsar la participación del cliente y fomentar la lealtad. En el entorno competitivo actual, el marketing se basa más que nunca en los datos y se centra en el cliente. Las empresas deben ofrecer contenido personalizado y atractivo a través de múltiples canales mientras navegan por los comportamientos y preferencias dinámicos de los consumidores. La necesidad de equilibrar la creatividad con información procesable ha hecho que el marketing sea una función que se nutre de la innovación.

GenAI está revolucionando el panorama del marketing al permitir a las organizaciones crear campañas hiperpersonalizadas, automatizar tareas repetitivas y extraer información valiosa de grandes cantidades de datos. Las tecnologías de GenAI, como los grandes modelos de lenguaje (por ejemplo, GPT), las herramientas de generación de imágenes y las capacidades de procesamiento del lenguaje natural (NLP), permiten a los profesionales del marketing generar contenidos atractivos, predecir los comportamientos de los clientes y mejorar la toma de decisiones. Estas herramientas permiten a las empresas escalar los procesos creativos al tiempo que mantienen la autenticidad y la relacionabilidad necesarias para interacciones significativas con los clientes. Como resultado, los profesionales del marketing pueden centrarse en la estrategia y la innovación en lugar de en la ejecución manual.

La relevancia de GenAI para el marketing se extiende más allá de la creación de contenido para mejorar la experiencia del cliente a través del análisis predictivo y la personalización avanzada. Al aprovechar GenAI, las empresas pueden analizar los datos de los clientes, identificar patrones y adaptar las campañas para satisfacer preferencias específicas. Ya sea creando contenido de correo electrónico personalizado, recomendaciones dinámicas de productos o anuncios interactivos en tiempo real, GenAI ayuda a los especialistas en marketing a transmitir mensajes que resuenen. GenAI permite ajustes en tiempo real basados en el rendimiento de la campaña, lo que garantiza la optimización continua y la relevancia en las plataformas de marketing digital y tradicional.

A pesar de su potencial transformador, el marketing aún enfrenta varios desafíos que GenAI puede abordar de manera efectiva. Una de las brechas significativas es la dificultad de producir contenido personalizado y de alta calidad a escala. Los métodos tradicionales requieren una cantidad considerable de tiempo, recursos y aportaciones creativas, lo que limita su escalabilidad. La capacidad de GenAI para generar grandes cantidades de contenido único y personalizado ayuda a cerrar esta brecha al automatizar y agilizar el proceso creativo.

Otro desafío radica en aprovechar los datos de los clientes para obtener información procesable. Si bien los especialistas en marketing recopilan cantidades masivas de datos, la extracción de información significativa y oportuna a menudo se ve obstaculizada por el gran volumen y la complejidad de la información. Las herramientas de análisis impulsadas por GenAI pueden procesar datos a velocidades sin precedentes, proporcionando información predictiva que guía las estrategias de marketing. GenAI puede abordar las brechas en la adaptabilidad de las campañas al permitir la optimización en tiempo real y garantizar que los esfuerzos de marketing permanezcan alineados con las tendencias y comportamientos cambiantes de los consumidores. Estas capacidades son fundamentales para las organizaciones que buscan mantenerse competitivas en un mercado acelerado e impulsado por el cliente.

Impacto transformacional

GenAI está remodelando la función de marketing al revolucionar la forma en que las organizaciones se conectan con sus audiencias. Al aprovechar los modelos avanzados de aprendizaje automático, GenAI permite a los especialistas en marketing crear contenido hiperpersonalizado y atractivo a escala, transformando los enfoques de marketing tradicionales en estrategias ágiles y basadas en datos. Herramientas como las plataformas de contenido generado por IA, el análisis predictivo y los sistemas de optimización automatizados permiten a las marcas ofrecer campañas específicas en múltiples canales, fomentando conexiones más profundas con los clientes e impulsando la eficiencia. El resultado es un aumento significativo tanto en el retorno de la inversión en marketing como en la satisfacción del consumidor.

La integración de GenAI en los flujos de trabajo de marketing está cambiando la forma en que operan los equipos. Tareas como la creación de contenidos, la segmentación de clientes y el análisis de campañas, que antes requerían mucho trabajo y tiempo, pueden simplificarse y automatizarse. Esto permite a los profesionales del marketing centrarse en la estrategia creativa y la innovación en lugar de en la ejecución operativa. Los procesos de toma de decisiones también han evolucionado, con información en tiempo real impulsada por IA que ofrece a los especialistas en marketing la capacidad de ajustar las campañas dinámicamente en función de las métricas de rendimiento. Los equipos han cambiado hacia entornos colaborativos en los que la creatividad humana y la precisión de la IA se complementan, fomentando una cultura de aprendizaje y mejora continua.

A medida que las organizaciones adoptan la GenAI, las prioridades dentro de la función de marketing han cambiado. Los profesionales del marketing ahora priorizan la personalización, la agilidad y las estrategias centradas en los datos sobre los enfoques tradicionales de talla única. La capacidad de adaptar rápidamente las campañas a los cambios en los comportamientos de los consumidores y las tendencias del mercado se ha vuelto fundamental, lo que permite a las empresas seguir siendo competitivas en un entorno acelerado. El énfasis en el análisis predictivo y la optimización automatizada ha redefinido los objetivos de marketing, centrándose más en la participación y la retención de clientes a largo plazo que en las ganancias a corto plazo.

La adopción de GenAI en marketing presenta varias oportunidades para lograr un impacto significativo:

- **Campañas hiperpersonalizadas**: GenAI permite a los profesionales del marketing crear contenidos individualizados para segmentos de clientes específicos, mejorando el compromiso y las tasas de conversión. Al analizar los datos y las preferencias de los clientes, la IA puede crear correos electrónicos dinámicos, anuncios y recomendaciones de productos adaptados a los intereses de cada consumidor.
- **Optimización de campañas en tiempo real**: Con los análisis impulsados por IA, los especialistas en marketing pueden monitorear el rendimiento de la campaña en tiempo real y realizar ajustes basados en datos. Esta capacidad garantiza que los esfuerzos de marketing sigan siendo relevantes y eficaces, incluso cuando los comportamientos de los consumidores cambian durante una campaña.
- **Creación de contenido mejorada**: Las herramientas de IA, como los modelos GPT y las plataformas de generación de imágenes, agilizan la creación de contenido de alta calidad, lo que reduce el tiempo de comercialización. Estas herramientas también permiten a los profesionales del marketing experimentar con nuevos formatos, como anuncios interactivos e imágenes inmersivas, lo que amplía las posibilidades creativas.
- **Insights predictivos del consumidor**: GenAI analiza datos históricos y en tiempo real para predecir los comportamientos y tendencias futuros de los clientes. Esta previsión permite a los profesionales del marketing anticiparse a las necesidades, perfeccionar las estrategias y asignar los recursos de forma más eficaz, garantizando que las campañas se ajusten a las expectativas de la audiencia.
- **Operaciones de marketing optimizadas**: La automatización de tareas rutinarias como las pruebas A/B, la programación de redes sociales y la optimización de palabras clave libera a los equipos de marketing para que se centren en la estrategia y la innovación. Esta mayor eficiencia reduce los

costos operativos al tiempo que mejora la productividad general.

GenAI está transformando la función de marketing al mejorar la personalización, la eficiencia y la agilidad. A medida que las organizaciones adoptan esta tecnología, pueden aprovechar su potencial para redefinir la participación del cliente, optimizar las campañas e impulsar el crecimiento sostenible. El éxito requiere una integración estratégica y un compromiso para equilibrar la innovación tecnológica con el aporte humano creativo. Al aprovechar GenAI de manera efectiva, los equipos de marketing pueden desbloquear oportunidades sin precedentes para el impacto y la innovación.

Tecnologías y herramientas clave

Los modelos, plataformas y herramientas de GenAI están transformando la función de marketing al permitir una interacción más dinámica y personalizada con el cliente. Herramientas como los modelos GPT de OpenAI, DALL-E, Firefly de Adobe y Bard de Google están allanando el camino para la creación de contenidos innovadores, la generación de publicidad y las experiencias interactivas. Estas plataformas se destacan en la generación de contenido atractivo y de alta calidad adaptado al público objetivo, al tiempo que optimizan la eficiencia de los recursos. Junto con las plataformas de análisis de datos de clientes y las herramientas predictivas, GenAI se ha vuelto indispensable para crear estrategias de marketing basadas en datos.

La integración de GenAI con las tecnologías y sistemas de marketing existentes mejora la eficacia general de la función. La integración con plataformas de gestión de relaciones con los clientes (CRM) como Salesforce permite a las herramientas de GenAI analizar los datos de los clientes y producir estrategias de comunicación personalizadas, lo que aumenta las tasas de participación. La combinación de GenAI con plataformas de marketing digital como HubSpot permite la automatización de tareas como la programación de redes sociales, las campañas de marketing por correo electrónico y el análisis de rendimiento en tiempo real. El proceso de integración a menudo requiere una alineación cuidadosa entre los resultados de GenAI y los flujos de trabajo existentes, lo que garantiza una compatibilidad perfecta y minimiza las interrupciones operativas.

Un aspecto vital de la integración consiste en aprovechar las capacidades de GenAI junto con herramientas avanzadas de análisis y automatización. Los equipos de marketing pueden emparejar GenAI con plataformas de inteligencia empresarial como Tableau o Google Analytics para obtener información procesable a partir de los datos de las campañas. La sinergia entre la creación de contenidos impulsada por la IA y el análisis de datos garantiza que las estrategias de marketing no solo sean creativas, sino que también se basen en marcos analíticos sólidos. La integración de GenAI con plataformas de publicidad programática permite realizar ofertas en tiempo real y colocar anuncios automatizados, optimizando el alcance y el impacto de las iniciativas de marketing.

Las tendencias técnicas están dando forma al panorama del marketing, con la automatización y la analítica ocupando un lugar central. Estas tendencias permiten a los profesionales del marketing adelantarse a las expectativas de los consumidores al tiempo que optimizan la eficiencia operativa. Las cinco principales tendencias que influyen en el marketing son las siguientes:

- **Personalización a escala:** Las herramientas de GenAI permiten a los profesionales del marketing crear experiencias altamente personalizadas para grandes audiencias, mejorando la satisfacción del cliente y las tasas de conversión. Esta tendencia enfatiza la necesidad de una segmentación impulsada por IA y una generación de contenido automatizada que resuene con las diversas preferencias de los clientes.
- **Análisis predictivo para estrategias proactivas**: Al analizar datos históricos y en tiempo real, las herramientas de análisis predictivo permiten a los especialistas en marketing anticipar el comportamiento y las tendencias de los consumidores. Esta previsión ayuda a elaborar campañas y estrategias de asignación de recursos más eficaces.
- **Voz e IA conversacional**: El auge de los dispositivos activados por voz y las herramientas de IA conversacional, como los chatbots, ha transformado las interacciones con los clientes. Los especialistas en marketing ahora pueden interactuar con los clientes a través de asistentes de voz impulsados por IA, que brindan recomendaciones y soporte personalizados.
- **Optimización creativa dinámica (DCO):** Las herramientas de DCO utilizan GenAI para adaptar y optimizar las creatividades publicitarias en tiempo real en

función de los datos de la audiencia y los factores contextuales. Esto garantiza que el contenido de marketing siga siendo relevante e impactante a lo largo de una campaña.

- **Integración de AR/VR con GenAI:** Las tecnologías de realidad aumentada y virtual, impulsadas por GenAI, están redefiniendo la participación del cliente mediante la creación de experiencias inmersivas e interactivas. Estas herramientas son especialmente influyentes en sectores como el comercio minorista y el inmobiliario, donde la visualización desempeña un papel fundamental en la toma de decisiones.

Al adoptar estas tendencias y tecnologías, los equipos de marketing pueden aprovechar el poder de GenAI para lograr niveles sin precedentes de creatividad, eficiencia y participación de la audiencia. Esta evolución subraya la importancia estratégica de integrar herramientas de vanguardia y mantenerse a la vanguardia de las tendencias emergentes en el panorama de marketing en constante cambio.

Desafíos y riesgos

La aplicación de la GenAI en el marketing plantea varios retos éticos que deben sortearse con cuidado para garantizar un uso responsable y eficaz. Una consideración ética importante es la posibilidad de sesgo en el contenido generado por IA. Dado que GenAI se basa en conjuntos de datos de entrenamiento, cualquier sesgo inherente a estos conjuntos de datos puede manifestarse en los materiales de marketing producidos, perpetuando inadvertidamente los estereotipos o alienando a ciertos grupos de consumidores. Los algoritmos mal gestionados pueden favorecer a grupos demográficos específicos, lo que limita la inclusión y la equidad en las campañas publicitarias. La transparencia es otra cuestión ética importante. Los consumidores desconfían cada vez más de la personalización impulsada por la IA, especialmente cuando no está claro cómo se utilizan sus datos o si el contenido ha sido generado por IA en lugar de un humano. Estas preocupaciones pueden erosionar la confianza en una marca si no se abordan adecuadamente.

Otro desafío ético en el marketing es el potencial de manipulación y desinformación. GenAI puede generar contenido altamente persuasivo que, si se usa incorrectamente, podría manipular las decisiones de los consumidores de maneras que no son lo mejor para ellos. Esto podría incluir la generación de afirmaciones engañosas sobre productos, la creación de testimonios falsos de clientes o el empleo de la IA para elaborar mensajes dirigidos que exploten las vulnerabilidades de los consumidores. Se deben establecer límites éticos para garantizar que las prácticas de marketing permanezcan alineadas con los principios de honestidad, respeto y transparencia.

Los riesgos de uso indebido o dependencia excesiva de GenAI en el marketing también son considerables. Uno de esos riesgos es la automatización excesiva de los procesos creativos, que puede conducir a una falta de supervisión humana y a la generación de contenido genérico y poco inspirado. Sin una revisión adecuada, los materiales de marketing producidos por GenAI podrían no captar los matices de la voz o el contexto cultural de una marca, lo que podría dañar su reputación. La dependencia excesiva de la IA también podría resultar en una pérdida de habilidades humanas críticas dentro de los equipos de marketing, como la narración de historias, la estrategia de marca y el pensamiento creativo, a medida que los equipos se acostumbran a delegar tareas a las máquinas.

Otro riesgo de uso indebido es la posibilidad de violaciones de datos o el mal manejo de la información del consumidor. El marketing impulsado por la GenAI a menudo se basa en grandes volúmenes de datos de clientes para personalizar las experiencias. Si estos datos no se manejan de forma segura o no se utilizan de forma ética, podrían dar lugar a violaciones de la privacidad o problemas de cumplimiento legal, especialmente en virtud de normativas como HIPPA, GDPR y CCPA. A medida que GenAI evoluciona, existe el riesgo de que los malos actores utilicen la tecnología con fines maliciosos, como generar campañas fraudulentas o contenido deepfake que dañe la reputación de una marca o engañe a los clientes.

Para hacer frente a estos retos y riesgos, las empresas deben adoptar marcos y directrices sólidos adaptados al uso ético de la GenAI en el marketing. Los siguientes cinco enfoques describen las estrategias clave para mitigar los riesgos:

- **Detección y mitigación** de sesgos: Se deben realizar auditorías periódicas de los modelos de GenAI y los datos de entrenamiento para identificar y eliminar los sesgos. Esto incluye la diversificación de los conjuntos de datos y la implementación de algoritmos centrados en la equidad para garantizar una representación equitativa en el contenido de marketing.

- **Políticas de transparencia:** Las marcas deben comunicar claramente cuándo se utiliza la IA para crear contenidos y cómo se utilizan los datos de los clientes. La transparencia genera confianza, especialmente cuando los consumidores entienden cómo su información impulsa experiencias personalizadas.
- **Supervisión y colaboración humana:** Si bien GenAI mejora la eficiencia, mantener un modelo humano en el bucle garantiza que los resultados finales se alineen con los valores, la voz y los estándares éticos de la marca. Los equipos de marketing deben revisar todos los materiales generados por IA para mantener la integridad creativa y la responsabilidad.
- **Prácticas seguras de datos:** La implementación de medidas avanzadas de cifrado y control de acceso es esencial para salvaguardar los datos de los clientes. El cumplimiento de las leyes globales de protección de datos y las evaluaciones periódicas de riesgos reducirán aún más la probabilidad de violaciones de datos.
- **Marcos de gobernanza ética:** El establecimiento de una junta o comité de ética para supervisar las aplicaciones de IA en marketing garantiza el cumplimiento de los estándares y normas éticas de la industria. Este organismo puede revisar las campañas, evaluar los riesgos potenciales y proporcionar recomendaciones para el uso responsable de la IA.

Al abordar estos desafíos y adherirse a estos marcos, los equipos de marketing pueden aprovechar el potencial transformador de la GenAI y, al mismo tiempo, protegerse contra el uso indebido y garantizar la alineación con los objetivos éticos y estratégicos. A medida que las organizaciones adopten cada vez más herramientas de marketing impulsadas por IA, estas prácticas serán fundamentales para mantener la confianza de los consumidores y ofrecer campañas impactantes y responsables.

Evolución del conjunto de habilidades

La integración de GenAI en el marketing está transformando los requisitos de habilidades para los profesionales en el campo. Las habilidades tradicionales, como la creatividad, la comunicación y la creación de marca, siguen siendo fundamentales, pero ahora se complementan con conocimientos técnicos en herramientas de IA y análisis de datos. Los profesionales deben navegar por un panorama en el que la comprensión de los algoritmos, la interpretación de la información basada en datos y el trabajo junto a los sistemas impulsados por la IA son fundamentales para el éxito. Esta evolución exige un conjunto de habilidades híbridas que unan la intuición creativa con la competencia técnica, lo que permite a los especialistas en marketing optimizar las capacidades de la IA mientras mantienen la supervisión humana.

La formación y la mejora de las competencias son fundamentales para que los equipos de marketing se adapten a esta nueva era. Los profesionales necesitan una formación básica en conceptos de IA, como el aprendizaje automático y el procesamiento del lenguaje natural, para comprender cómo funciona la GenAI y sus posibles aplicaciones. La experiencia práctica con las herramientas de GenAI, como las plataformas de generación de contenidos, el análisis predictivo y el software de análisis del comportamiento del cliente, es vital. Las organizaciones deben invertir en talleres específicos, certificaciones y programas de aprendizaje en línea para garantizar que sus equipos estén equipados para aprovechar estas herramientas de manera efectiva. Las rutas de aprendizaje estructuradas que combinan el conocimiento teórico con la aplicación práctica permitirán a los profesionales del marketing desbloquear el potencial de la IA.

Las habilidades blandas, como la adaptabilidad y el pensamiento crítico, adquieren mayor importancia en un entorno impulsado por la GenIA. Los profesionales del marketing deben aprender a colaborar eficazmente con los sistemas de IA, evaluar críticamente el contenido generado por la IA y mantener los estándares éticos en sus campañas. Los programas de mejora de habilidades deben enfatizar estas competencias, alentando a los empleados a ver a GenAI como un socio que mejora sus capacidades creativas y estratégicas. La colaboración multifuncional entre los equipos de marketing, TI y ciencia de datos será cada vez más importante, lo que requerirá que los especialistas en marketing desarrollen sólidas habilidades de comunicación y una comprensión práctica de los conceptos técnicos.

La aparición de GenAI en marketing también está creando nuevas trayectorias profesionales y roles, lo que refleja la creciente importancia de la IA en la configuración de las estrategias de marketing. Estos roles combinan la experiencia tradicional en marketing con habilidades especializadas en tecnología de IA. A continuación se presentan cinco roles clave que están ganando protagonismo:

- **Estratega de marketing de IA**: este puesto se centra en el desarrollo y la implementación de estrategias de marketing impulsadas por la IA. El estratega identifica oportunidades para aprovechar la GenAI, asegurando la alineación con los objetivos empresariales y gestionando las consideraciones éticas y operativas.
- **Especialista en automatización** de contenidos: Responsable de gestionar las herramientas de generación de contenidos impulsadas por la IA, este profesional se asegura de que los resultados de la IA se alineen con las directrices de la marca y resuenen con el público objetivo. Su función incluye el ajuste de los modelos de IA y la supervisión de la calidad del contenido.
- **Analista de datos de clientes**: este rol interpreta grandes conjuntos de datos generados por sistemas de IA para proporcionar información procesable sobre el comportamiento y las preferencias de los clientes. Los analistas trabajan en estrecha colaboración con los equipos de marketing para diseñar campañas basadas en análisis predictivos y datos en tiempo real.
- **Oficial de Ética y Cumplimiento** de IA: Con el mayor uso de la IA en el marketing, este rol garantiza que las campañas se adhieran a los estándares éticos y cumplan con las regulaciones de protección de datos. El oficial monitorea los sistemas de IA en busca de sesgos y supervisa la transparencia en las aplicaciones de IA.
- **Arquitecto de personalización**: Este especialista diseña y optimiza marcos de experiencia del cliente impulsados por IA, centrándose en la hiperpersonalización. Al integrar información de IA, mejoran la participación a través de mensajes y ofertas personalizadas.

A medida que los profesionales del marketing adopten estos roles y conjuntos de habilidades en evolución, estarán mejor posicionados para aprovechar todo el potencial de la GenAI, impulsando la innovación y brindando resultados impactantes en un panorama competitivo.

Tendencias emergentes

El impacto a largo plazo de GenAI en el marketing será transformador, remodelando la forma en que las empresas se relacionan con los consumidores, personalizan las experiencias y analizan las tendencias del mercado. A medida que GenAI se vuelva más sofisticada, redefinirá los límites de la creatividad y la eficiencia en las estrategias de marketing, lo que permitirá a las marcas ofrecer campañas hiperespecíficas a escala. Esta evolución dará lugar a un ecosistema de marketing altamente dinámico en el que los conocimientos basados en datos y el contenido generado por IA crean niveles incomparables de compromiso y lealtad.

Varias tendencias emergentes están a punto de influir significativamente en la función de marketing. Uno de ellos es el aumento de la personalización en tiempo real impulsada por la IA, que adapta el contenido y las ofertas en función del comportamiento y las preferencias instantáneas del consumidor. Esta tendencia enfatiza la importancia de la agilidad en el marketing, ya que las marcas deben adaptar sus estrategias en respuesta a las demandas cambiantes de los consumidores. Otra tendencia clave es la integración de GenAI en el marketing omnicanal, donde los sistemas de IA conectan a la perfección varios puntos de contacto, incluidas las redes sociales, el correo electrónico y las experiencias en la tienda, para crear una narrativa de marca unificada. Estos avances también están respaldados por análisis predictivos mejorados, que permiten a los especialistas en marketing pronosticar las tendencias del mercado y los comportamientos de los clientes con mayor precisión, lo que les permite planificar estrategias proactivas.

Otra tendencia importante es el creciente papel de la IA conversacional en la interacción con el cliente. Los chatbots y asistentes virtuales impulsados por GenAI están mejorando las interacciones con los clientes al proporcionar respuestas instantáneas y personalizadas y fomentar relaciones más profundas con la marca. El uso de medios sintéticos, como los vídeos generados por IA y los influencers virtuales, se está convirtiendo en una poderosa herramienta para captar la atención de la audiencia en un panorama digital abarrotado. Estas tendencias ponen de manifiesto la creciente convergencia de la creatividad y la tecnología, lo que subraya la necesidad de que los profesionales del marketing se mantengan a la vanguardia en la adopción de innovaciones impulsadas por la IA.

Para seguir siendo competitivas en este entorno en rápida evolución, las organizaciones deben priorizar las iniciativas estratégicas que se alineen con las capacidades de GenAI. A continuación se presentan cinco prioridades clave para el éxito:

- **Invertir en infraestructura de IA:** Las organizaciones necesitan construir ecosistemas de IA sólidos mediante la adopción de herramientas y plataformas avanzadas adaptadas a sus objetivos de marketing. Esto implica integrar las tecnologías de IA con los sistemas existentes para garantizar un flujo de datos sin interrupciones e información en tiempo real.

- **Priorizar las prácticas éticas de IA:** A medida que la IA se convierte en un elemento central del marketing, es crucial mantener los estándares éticos. Las empresas deben implementar prácticas transparentes, monitorear los sesgos y asegurarse de que el contenido generado por IA se adhiera a los valores de la marca y las normas sociales.

- **Fomento de la colaboración multifuncional:** La implementación eficaz de GenAI requiere la colaboración entre los equipos de marketing, ciencia de datos y TI. Esto garantiza que las iniciativas impulsadas por la IA sean técnicamente sólidas, estén alineadas de forma creativa y tengan un impacto estratégico.

- **Mejorar las habilidades de los equipos de marketing:** Es esencial equipar a los profesionales de marketing con las habilidades para aprovechar las herramientas de GenAI. Los programas de formación deben centrarse en el análisis de datos, la creación de contenidos de IA y las consideraciones éticas, lo que permite a los equipos maximizar el valor de los conocimientos impulsados por la IA.

- **Abrazar la innovación y la experimentación:** Las organizaciones deben crear una cultura que fomente la experimentación con GenAI para descubrir nuevas oportunidades. La puesta a prueba de campañas impulsadas por IA y el análisis de su impacto permiten a las empresas iterar e innovar continuamente.

Al centrarse en estas prioridades, los profesionales del marketing pueden aprovechar todo el potencial de la GenAI para impulsar un compromiso significativo y un crecimiento sostenido en un mercado digital cada vez más competitivo.

Conclusión

GenAI se ha convertido en una fuerza transformadora en el marketing, que ofrece oportunidades sin precedentes para mejorar la personalización, mejorar la eficiencia e impulsar la creatividad. Al aprovechar la GenAI, los profesionales del marketing pueden desbloquear nuevas formas de interactuar con los consumidores, predecir tendencias y crear campañas hipersegmentadas que resuenen en el público. A medida que las empresas navegan por el panorama competitivo del marketing moderno, la integración de soluciones impulsadas por IA ya no es un lujo, sino una necesidad para un crecimiento sostenido y relevancia.

Para aprovechar al máximo el potencial de la GenIA, las organizaciones deben adoptar un enfoque estratégico. Esto implica algo más que la implementación de herramientas avanzadas; requiere una comprensión profunda de cómo GenAI se alinea con los objetivos comerciales y un compromiso para reimaginar las prácticas de marketing tradicionales. El pensamiento estratégico es esencial para identificar las áreas en las que la IA puede ofrecer el mayor valor, ya sea a través de la automatización, la analítica mejorada o las experiencias inmersivas de los clientes. Las organizaciones deben evaluar y perfeccionar continuamente sus iniciativas impulsadas por la IA para adaptarse a la evolución de las expectativas de los consumidores y a los avances tecnológicos.

La adaptabilidad es otro factor crítico para el éxito en el panorama del marketing impulsado por la GenAI. A medida que las tecnologías de IA evolucionan rápidamente, los profesionales del marketing deben mantenerse informados y ágiles, listos para experimentar con nuevas herramientas y estrategias. Esto incluye fomentar una cultura de innovación dentro de los equipos de marketing, fomentar la colaboración entre los especialistas en IA y los profesionales creativos, e invertir en la mejora de las habilidades para crear una fuerza laboral capaz de aprovechar la IA de manera efectiva. Al adoptar la adaptabilidad, las organizaciones pueden asegurarse de mantenerse a la vanguardia, aprovechando GenAI no solo como herramienta para la optimización, sino también como catalizador para el cambio transformador en el marketing.

Conclusiones clave

1. **Impacto transformador de GenAI en marketingGenAI está revolucionando el marketing al permitir la hiperpersonalización, la información en tiempo real y la creación de contenido dinámico. Estas capacidades permiten a los profesionales del marketing crear experiencias de cliente más atractivas y relevantes, lo**

que genera tasas de conversión más altas y fomenta la lealtad a la marca.

2. **Mejora de la eficiencia a través de la automatizaciónAl automatizar tareas repetitivas como la optimización de campañas y la generación de contenidos, GenAI permite a los equipos de marketing centrarse en iniciativas estratégicas. Esta eficiencia conduce a una ejecución más rápida, costos operativos reducidos y respuestas más ágiles a las tendencias del mercado.**

3. **Roles y habilidades emergentesLa adopción de GenAI está remodelando los roles de marketing, enfatizando la necesidad de profesionales capacitados en estrategia de IA, análisis de datos y colaboración creativa con sistemas de IA.** Los nuevos roles, como los estrategas de marketing de IA y los especialistas en personalización de contenidos, se están volviendo fundamentales para el éxito.

4. **Consideraciones éticas y regulatoriasA medida que GenAI se convierte en una parte central del marketing, es esencial abordar los desafíos éticos, como la privacidad de los datos, el sesgo y la transparencia. Los profesionales del marketing deben adoptar marcos sólidos para garantizar un uso responsable de la IA, fomentando la confianza entre los consumidores y las partes interesadas.**

5. **Prioridades estratégicas para el futuroPara seguir siendo competitivas, las organizaciones deben priorizar la inversión en tecnologías de GenAI, mejorar las habilidades de su fuerza laboral y fomentar una cultura de innovación. La integración estratégica de la IA con los objetivos de marketing será clave para liberar todo su potencial y lograr el éxito a largo plazo.**

A medida que GenAI continúa remodelando el panorama del marketing, las organizaciones deben ir más allá de la simple adopción de tecnologías de IA para integrarlas estratégicamente en sus operaciones. Esto requiere un enfoque proactivo de la innovación, la colaboración entre equipos y un compromiso con las prácticas éticas. Al centrarse en estas áreas, los profesionales del marketing pueden aprovechar el poder transformador de la GenAI no solo para satisfacer, sino también para superar las expectativas cambiantes de sus audiencias, estableciendo un nuevo estándar de excelencia en la era digital.

CAPÍTULO 7: VENTAS

Introducción a GenAI en Ventas

Las ventas son el alma de cualquier organización, ya que impulsan la generación de ingresos y fomentan las relaciones con los clientes. Esta función empresarial es fundamental para crear valor, garantizar la satisfacción del cliente y mantener el crecimiento. A medida que las empresas se enfrentan a mercados cada vez más competitivos, se espera que los equipos de ventas sean más estratégicos, ágiles y eficientes a la hora de satisfacer las demandas de los clientes y superar las expectativas.

GenAI está emergiendo en el dominio de las ventas, revolucionando la forma en que las organizaciones abordan sus estrategias e interacciones. Al aprovechar el poder de GenAI, los equipos de ventas pueden generar contenido personalizado, analizar grandes conjuntos de datos para obtener información procesable e interactuar con los clientes de formas más significativas. Las herramientas de GenAI, como los asistentes de ventas impulsados por IA y los creadores de presentaciones automatizados, permiten a los profesionales de ventas ofrecer soluciones personalizadas que resuenen con las necesidades únicas de sus clientes, mejorando en última instancia las tasas de conversión y la lealtad de los clientes. GenAI mejora la precisión de las previsiones, lo que permite a los equipos anticiparse a los cambios del mercado y adaptar sus estrategias de forma proactiva.

La relevancia de GenAI en las ventas no solo radica en su capacidad para agilizar las operaciones, sino también en su potencial para transformar los procesos de toma de decisiones. Los equipos de ventas ya no dependen únicamente de la intuición; pueden aprovechar la IA para predecir las preferencias de los clientes, descubrir oportunidades ocultas y optimizar las estrategias de precios. Esta capacidad permite una toma de decisiones más informada, reduciendo los riesgos y mejorando los resultados. GenAI se está convirtiendo en una herramienta indispensable para los equipos de ventas modernos, equipándolos con los recursos para navegar por mercados complejos y mantener una ventaja competitiva.

A pesar de su potencial, la función de ventas se enfrenta a retos persistentes que GenAI puede ayudar a abordar. Muchas organizaciones luchan con datos de clientes fragmentados distribuidos en sistemas dispares, lo que dificulta la creación de una visión cohesiva del comportamiento y las preferencias de los clientes. GenAI puede integrar y analizar estos datos, proporcionando información procesable que impulsa una toma de decisiones más inteligente. Otro desafío importante es la ineficiencia de los procesos de ventas tradicionales, que a menudo implican tareas manuales que consumen mucho tiempo, como la calificación de clientes potenciales y el seguimiento. GenAI automatiza estos procesos, liberando un tiempo valioso para que los equipos de ventas se centren en construir relaciones y cerrar acuerdos.

Los profesionales de ventas con frecuencia encuentran dificultades para mantener un compromiso personalizado a escala. Con las crecientes expectativas de los clientes de interacciones personalizadas, los métodos tradicionales a menudo se quedan cortos. GenAI permite la generación de argumentos de venta y seguimientos dinámicos y personalizados, lo que garantiza que cada interacción con el cliente sea relevante e impactante. Al abordar estos desafíos, GenAI empodera a los equipos de ventas para operar de manera más efectiva, adaptarse a las demandas cambiantes y lograr un mayor éxito en el dinámico entorno comercial actual.

Impacto transformacional

GenAI está remodelando fundamentalmente la función de ventas, permitiendo a las organizaciones elevar sus procesos y resultados de formas sin precedentes. Con su capacidad para analizar grandes conjuntos de datos y generar información procesable, GenAI ayuda a los equipos de ventas a identificar oportunidades de alto valor, predecir las necesidades de los clientes y refinar sus estrategias con precisión. Está transformando la interacción con el cliente al ofrecer interacciones personalizadas a escala, lo que garantiza que cada comunicación sea relevante e impactante. Al automatizar tareas rutinarias como la puntuación y el seguimiento de clientes potenciales, GenAI permite a los profesionales de ventas centrarse más en la construcción de relaciones y las iniciativas estratégicas, creando un entorno de ventas más dinámico y eficiente.

La integración de GenAI en los flujos de trabajo de ventas ha traído cambios significativos en la toma de decisiones y la dinámica de los equipos. Los equipos de ventas ahora pueden aprovechar la información impulsada por la IA para tomar decisiones basadas en datos rápidamente, mejorando su capacidad para responder a los cambios del mercado y las demandas de los clientes. Los flujos de trabajo se han simplificado, y la automatización reduce las cargas administrativas y aumenta la productividad general. La dinámica de equipo está evolucionando a medida que los profesionales de ventas colaboran más estrechamente con las herramientas de IA, posicionando a GenAI como un valioso "copiloto" que mejora su experiencia y creatividad.

A medida que las organizaciones adoptan la GenIA, el enfoque de los equipos de ventas está cambiando hacia roles más estratégicos y consultivos. Con la IA manejando muchas tareas operativas y analíticas, los profesionales de ventas pueden priorizar la creación de confianza y la comprensión de los puntos débiles de los clientes. Este cambio pone de manifiesto la importancia de la inteligencia emocional y la creatividad en el proceso de ventas, ya que la colaboración entre humanos e IA se convierte en la piedra angular de las estrategias de venta eficaces.

La adopción de GenAI en las ventas presenta numerosas oportunidades para impulsar una transformación significativa. A continuación se presentan cinco áreas clave en las que GenAI puede tener el impacto más significativo:

- **Interacciones personalizadas con los clientes**: GenAI permite un compromiso hiperpersonalizado mediante el análisis del comportamiento y las preferencias de los clientes para adaptar las comunicaciones y las recomendaciones. Esto mejora la satisfacción del cliente, genera confianza y aumenta las tasas de conversión.

- **Previsión predictiva de ventas**: Al aprovechar los datos históricos de ventas y las tendencias del mercado, GenAI ofrece previsiones muy precisas, lo que permite a los equipos de ventas optimizar la asignación de recursos y anticiparse a las necesidades de los clientes con mayor precisión.

- **Puntuación de clientes potenciales mejorada**: GenAI automatiza los procesos de puntuación de clientes potenciales mediante la evaluación de clientes potenciales en función de criterios predefinidos y datos de comportamiento, lo que garantiza que los equipos de ventas centren sus esfuerzos en las oportunidades más prometedoras.

- **Generación dinámica de propuestas**: GenAI genera propuestas y presentaciones personalizadas que se alinean con los requisitos individuales del cliente, reduciendo el tiempo de preparación y mejorando la calidad de los materiales de venta.

- **Coaching y formación impulsados por IA**: GenAI proporciona coaching en tiempo real a los representantes de ventas analizando su rendimiento y sugiriendo mejoras, fomentando el aprendizaje continuo y el desarrollo de habilidades.

El potencial transformador de GenAI en las ventas radica en su capacidad para optimizar los procesos, elevar el compromiso del cliente y empoderar a los equipos de ventas para que operen de manera más estratégica. Al integrar la IA en los flujos de trabajo, la toma de decisiones y las interacciones con los clientes, las organizaciones pueden lograr una mayor eficiencia, adaptabilidad y éxito. Para aprovechar al máximo estos beneficios, las empresas deben adoptar una cultura de innovación e invertir en las herramientas y la formación necesarias para que GenAI sea una parte integral de sus estrategias de ventas.

Tecnologías y herramientas clave

GenAI ofrece un conjunto de herramientas y modelos avanzados diseñados para mejorar la función de ventas. Las tecnologías clave incluyen grandes modelos de lenguaje como GPT-4, que permiten el procesamiento del lenguaje natural para la generación personalizada de correo electrónico, soporte de chatbot y asistencia de ventas en tiempo real. Plataformas como Salesforce Einstein y la suite de IA de HubSpot integran las capacidades de GenAI directamente en los sistemas de gestión de relaciones con los clientes (CRM), proporcionando información procesable, análisis predictivos y herramientas de automatización para optimizar el canal de ventas. Estas herramientas permiten a los equipos de ventas mejorar la eficiencia, impulsar la participación de los clientes y perfeccionar sus estrategias basadas en información impulsada por IA.

La integración con las tecnologías y sistemas de ventas existentes es fundamental para aprovechar todo el potencial de la GenAI. Muchas organizaciones ya utilizan plataformas de CRM, herramientas de habilitación de ventas y paneles de análisis para gestionar sus procesos de ventas. GenAI se integra a la perfección en estos sistemas, mejorando su funcionalidad mediante la automatización de tareas repetitivas como la entrada de datos y la priorización de clientes potenciales. Los CRM impulsados por IA pueden calificar automáticamente a los clientes potenciales, recomendar los próximos pasos e incluso redactar mensajes de seguimiento personalizados, lo que ahorra tiempo y garantiza la coherencia. Estas herramientas permiten una colaboración dinámica entre los representantes de ventas y la IA, fomentando un entorno híbrido en el que la creatividad humana y la precisión de las máquinas trabajan en conjunto.

Una integración exitosa requiere garantizar la interoperabilidad con otros sistemas empresariales, como las plataformas de automatización de marketing y las herramientas de gestión de inventario. Esto permite un flujo unificado de datos en todos los departamentos, lo que permite a los equipos de ventas acceder a información de los clientes en tiempo real, niveles de inventario y detalles de las campañas de marketing. A menudo se emplean tecnologías como las API (interfaces de programación de aplicaciones) y el middleware para facilitar estas conexiones, lo que garantiza que las herramientas impulsadas por IA funcionen de forma coherente dentro del ecosistema tecnológico existente. Al crear estas integraciones, las organizaciones pueden crear una operación de ventas más optimizada y eficiente que aproveche los conocimientos de GenAI en cada etapa del recorrido del cliente.

Las tendencias técnicas emergentes están dando forma a la forma en que operan los equipos de ventas, creando oportunidades para mejorar la eficiencia y profundizar en la participación del cliente. A continuación se presentan las cinco principales tendencias que revolucionan la función de ventas:

- **Hiperpersonalización**: Las herramientas de IA analizan las preferencias, los comportamientos y los datos demográficos de los clientes para crear recomendaciones y comunicaciones personalizadas. Esta tendencia ayuda a construir relaciones más sólidas al ofrecer experiencias que resuenan con los clientes individuales.
- **Análisis predictivo en tiempo real**: Los equipos de ventas utilizan la IA para anticiparse a las necesidades de los clientes y las tendencias del mercado, lo que permite estrategias proactivas que optimizan la asignación de recursos y mejoran la precisión de las previsiones de ventas.
- **Habilitación de ventas automatizada:** Las herramientas impulsadas por GenAI brindan a los representantes de ventas recursos dinámicos, como presentaciones bajo demanda, contenido personalizado y módulos de capacitación, lo que les permite cerrar acuerdos de manera más rápida y efectiva.
- **IA conversacional y de voz**: Los asistentes de voz avanzados y las herramientas de IA conversacional agilizan las interacciones con los clientes, proporcionando respuestas e información instantáneas al tiempo que capturan datos valiosos de los clientes durante las llamadas.
- **Generación de prospectos impulsada por IA**: GenAI identifica prospectos de alta calidad a través de la minería de datos y el modelado predictivo, lo que permite a los equipos de ventas centrar sus esfuerzos en los prospectos más prometedores, maximizando así las tasas de conversión.

A medida que estas tendencias continúan evolucionando, están remodelando la forma en que los equipos de ventas abordan su trabajo, fomentando una mayor agilidad, precisión y enfoque en el cliente en todo el ciclo de vida de las ventas. Al adoptar estas tecnologías y tendencias, las organizaciones pueden garantizar que sus funciones de ventas sigan siendo competitivas en un mercado cada vez más impulsado por la IA.

Desafíos y riesgos

La integración de la GenAI en las funciones de ventas introduce importantes desafíos éticos que las organizaciones deben abordar para garantizar un uso responsable. Una cuestión clave tiene que ver con la privacidad y la seguridad de los datos, ya que las herramientas impulsadas por la IA suelen requerir acceso a información confidencial de los clientes para ofrecer experiencias personalizadas. La mala gestión de estos datos, ya sea a través de salvaguardas inadecuadas o acceso no autorizado, podría dar lugar a violaciones de confianza y sanciones legales. Otro desafío ético surge de los posibles sesgos en los modelos de IA. Si los datos de entrenamiento carecen de diversidad o están incompletos, los sistemas de GenAI pueden generar resultados que refuercen las desigualdades existentes, lo que lleva a un trato injusto de los clientes o prospectos.

Además de las preocupaciones éticas, la dependencia de la GenAI en las ventas conlleva riesgos de uso indebido y dependencia excesiva. La automatización excesiva podría alienar a los clientes al reemplazar las interacciones humanas genuinas con respuestas demasiado mecánicas, reduciendo el toque personal que a menudo impulsa el éxito de las ventas. La dependencia de la IA para la toma de decisiones podría erosionar el pensamiento crítico dentro de los equipos de ventas, ya que los empleados pueden confiar ciegamente en los conocimientos generados por la IA sin evaluarlos críticamente. Esta dependencia excesiva también aumenta los riesgos operativos: si los sistemas de IA funcionan mal o producen resultados inexactos, los procesos de ventas podrían interrumpirse, perjudicando tanto las relaciones con los clientes como los ingresos.

Para hacer frente a estos riesgos, las organizaciones deben establecer marcos y directrices sólidas que prioricen la implementación ética y responsable de la GenIA. A continuación se presentan cinco enfoques clave para mitigar los riesgos en la función de ventas:

- **Protocolos de privacidad y seguridad de datos**: implemente prácticas sólidas de gobernanza de datos, incluido el cifrado, los controles de acceso y las auditorías periódicas, para garantizar que los datos de los clientes estén protegidos contra infracciones y usos indebidos.
- **Detección y mitigación de sesgos**: supervise y perfeccione continuamente los datos y algoritmos de entrenamiento de

IA para identificar y corregir sesgos, garantizando prácticas de ventas justas e inclusivas.

- **Supervisión y colaboración humanas**: Mantener un enfoque de "humano en el circuito", en el que las herramientas de IA asisten, pero no reemplazan, la toma de decisiones humana, fomentando un equilibrio entre la automatización y la intuición humana.

- **Comunicación transparente con las partes interesadas**: Comunique claramente a los clientes cómo se utilizan sus datos y el papel de la IA en la configuración de sus experiencias, fomentando la confianza y la transparencia.

- **Planificación de contingencias y auditorías de sistemas**: Desarrolle planes de contingencia para abordar fallas o imprecisiones del sistema de IA, incluidas auditorías periódicas del sistema para garantizar que los resultados de la IA se alineen con los objetivos comerciales y las normas éticas.

Al implementar estas medidas, las organizaciones pueden aprovechar GenAI para mejorar sus funciones de ventas al tiempo que minimizan los riesgos y mantienen los estándares éticos.

Evolución del conjunto de habilidades

La llegada de GenAI está remodelando los requisitos de habilidades para los profesionales de ventas, enfatizando la necesidad tanto de competencia técnica como de habilidades interpersonales mejoradas. Ahora se espera que los equipos de ventas integren información impulsada por IA en sus flujos de trabajo, aprovechando las herramientas que analizan los datos de los clientes, predicen tendencias y generan contenido personalizado. Este cambio exige un conjunto de habilidades híbridas en el que la experiencia en ventas tradicional se incremente con la capacidad de comprender, interpretar y aplicar estratégicamente los resultados de la IA.

Para cumplir con estos requisitos cambiantes, la capacitación y la mejora de las habilidades son fundamentales. Los profesionales de ventas deben dominar el uso de plataformas de IA, desde sistemas de gestión de relaciones con los clientes (CRM) impulsados por GenAI hasta paneles de análisis avanzados. Los programas de formación deben centrarse en ayudar a los empleados a comprender cómo evaluar las recomendaciones generadas por la IA de forma crítica, garantizando que las decisiones se alineen con los objetivos empresariales. Las habilidades blandas, como la inteligencia emocional y la adaptabilidad, siguen siendo esenciales, ya que la IA no puede replicar completamente las interacciones humanas matizadas que generan confianza con los clientes. Las organizaciones deben invertir en talleres y módulos de e-learning que aborden tanto los aspectos técnicos como los centrados en el ser humano de las ventas en un mundo impulsado por la IA.

La integración de GenAI también está creando oportunidades para nuevos roles y trayectorias profesionales dentro de las ventas. Estos roles cierran la brecha entre las funciones de ventas tradicionales y las capacidades tecnológicas emergentes, lo que refleja las demandas cambiantes del mercado moderno. A continuación se presentan cinco roles clave que emergen en el panorama de las ventas:

- **Estratega de ventas impulsado por IA**: este puesto se centra en aprovechar los conocimientos de IA para diseñar estrategias de ventas basadas en datos. Los profesionales en esta posición analizan los patrones de comportamiento de los clientes, pronostican tendencias e identifican oportunidades de alto valor para optimizar los resultados de ventas.
- **Especialista en personalización de la experiencia del cliente**: Con la tarea de utilizar las herramientas de GenAI para crear recorridos de cliente personalizados, estos especialistas elaboran contenidos, ofertas y estrategias de interacción que resuenan con las preferencias individuales de los clientes, mejorando la satisfacción y la lealtad.
- **Gerente de Integración de Tecnología de Ventas**: Responsable de garantizar la integración perfecta de las herramientas de GenAI con las tecnologías de ventas existentes, esta función implica configurar sistemas, capacitar a los usuarios y solucionar problemas técnicos para maximizar la eficiencia.
- **Oficial de cumplimiento ético de IA**: Con el aumento de las preocupaciones éticas en la implementación de IA, este rol garantiza que los procesos de ventas se adhieran a las leyes de privacidad de datos y las pautas éticas, manteniendo la transparencia y la confianza con los clientes.
- **Entrenador de ventas mejorado con IA**: Este profesional brinda capacitación y apoyo a los equipos de ventas, ayudándolos a usar de manera efectiva las herramientas de IA para mejorar el rendimiento, cerrar acuerdos y fomentar las relaciones con los clientes.

El auge de la GenAI en las ventas no solo está transformando la forma en que operan los equipos de ventas, sino que también está ampliando las posibilidades profesionales dentro del campo. Al adoptar estos cambios, las organizaciones pueden crear equipos de ventas dinámicos y preparados para el futuro, equipados para prosperar en un entorno empresarial aumentado por IA.

Tendencias emergentes

El impacto a largo plazo de GenAI en la función de ventas está a punto de ser transformador, remodelando fundamentalmente la forma en que las empresas abordan la participación del cliente, el desarrollo de estrategias y la eficiencia operativa. A medida que los conocimientos impulsados por la IA se vuelven fundamentales para la toma de decisiones, los equipos de ventas dependerán cada vez más de estas tecnologías para anticipar las necesidades de los clientes, personalizar las interacciones y cerrar acuerdos con una precisión sin precedentes. Esta evolución no solo mejorará la productividad, sino que también establecerá nuevos puntos de referencia para la satisfacción y la lealtad del cliente.

Las tendencias emergentes en GenAI para las ventas destacan su papel e influencia en expansión. En primer lugar, la personalización en tiempo real está ganando impulso a medida que las herramientas de IA permiten a los profesionales de ventas elaborar ofertas e interacciones adaptadas a las preferencias individuales de los clientes. Al analizar datos históricos y contextuales, estos sistemas proporcionan información procesable para crear interacciones significativas y oportunas con los clientes. Otra tendencia es la integración de la IA conversacional, como los chatbots inteligentes y los asistentes virtuales, que mejoran el servicio al cliente al automatizar las consultas y ofrecer respuestas precisas al instante. Estas herramientas también apoyan a los equipos de ventas en el manejo de tareas rutinarias, lo que les permite centrarse en las prioridades estratégicas. El análisis predictivo impulsado por IA está revolucionando la previsión de ventas al identificar tendencias y recomendar medidas proactivas para aprovechar las oportunidades emergentes.

Para seguir siendo competitivas y aprovechar estos avances, las organizaciones deben establecer prioridades estratégicas claras para sus funciones de ventas. A continuación se presentan las cinco prioridades principales para maximizar el potencial de GenAI en las ventas:

- **Invertir en personalización avanzada:** Las empresas deben priorizar la implementación de sistemas de IA que puedan analizar los datos de los clientes en tiempo real para ofrecer experiencias hiperpersonalizadas. Esto no solo mejora la satisfacción del cliente, sino que también genera tasas de conversión más altas.

- **Mejore las herramientas de habilitación de ventas:** concéntrese en equipar a los equipos de ventas con plataformas impulsadas por IA que brinden información sobre el comportamiento del comprador, automaticen las tareas rutinarias y recomienden estrategias óptimas para el cierre de acuerdos.

- **Fomentar la colaboración interfuncional:** Establezca marcos para una colaboración fluida entre las funciones de ventas, marketing y servicio al cliente para garantizar un enfoque unificado para la participación del cliente y la utilización de datos.

- **Comprométase con las prácticas éticas de IA:** Asegúrese de que todas las herramientas y estrategias de IA se adhieran a las directrices éticas, incluidas la transparencia, la equidad y la privacidad de los datos, para generar confianza tanto con los clientes como con las partes interesadas internas.

- **Mejorar y empoderar a los equipos de ventas:** Invierta en programas de capacitación que mejoren la capacidad de los empleados para usar eficazmente las tecnologías de IA, combinando la competencia técnica con el toque humano esencial para construir relaciones sólidas con los clientes.

La rápida evolución de GenAI en las ventas presenta tanto oportunidades como desafíos. Al centrarse en la implementación estratégica y mantenerse en sintonía con las tendencias emergentes, las organizaciones pueden aprovechar el poder transformador de la IA para crear funciones de ventas más dinámicas y centradas en el cliente que impulsen el crecimiento y la innovación a largo plazo.

Conclusión

GenAI está revolucionando la función de ventas mediante la introducción de herramientas y conocimientos transformadores que mejoran la productividad, el compromiso del cliente y la ejecución estratégica. Desde experiencias hiperpersonalizadas hasta análisis y automatización en tiempo real, GenAI tiene el potencial de elevar significativamente los resultados de ventas y redefinir la forma en que las empresas interactúan con sus clientes. Al integrar estas tecnologías en sus operaciones, las organizaciones pueden desbloquear nuevas vías de crecimiento, innovación y ventaja competitiva.

La adopción efectiva de GenAI requiere un pensamiento estratégico y un compromiso con la adaptabilidad. Las empresas deben reconocer que GenAI no es una solución única para todos, sino una herramienta versátil que se puede adaptar a objetivos y desafíos específicos. La implementación estratégica implica alinear las capacidades de GenAI con los objetivos de la organización, invertir en la infraestructura adecuada y fomentar una cultura de aprendizaje continuo. Las empresas deben navegar por las complejidades éticas y operativas asociadas con la IA para garantizar una implementación responsable y efectiva.

Para aprovechar al máximo el potencial transformador de la GenAI, las organizaciones deben adoptar una mentalidad de agilidad y visión de futuro. Esto incluye ser proactivo a la hora de abordar las tendencias emergentes, mantenerse a la vanguardia de los desarrollos del sector y dotar a los equipos de ventas de las habilidades y herramientas necesarias para aprovechar GenAI de forma eficaz. Al priorizar la innovación y fomentar la colaboración entre funciones, las empresas pueden posicionarse como líderes en el panorama cambiante de las ventas, garantizando un éxito sostenido en un mercado cada vez más competitivo.

Conclusiones clave

1. **Personalización a escala**: GenAI permite a los equipos de ventas crear interacciones altamente personalizadas con los clientes mediante el análisis de datos de comportamiento y preferencias. Esta capacidad mejora el compromiso del cliente, mejora la satisfacción e impulsa las tasas de conversión a través de una comunicación significativa y relevante.
2. **Previsión de ventas mejorada**: Al aprovechar el análisis predictivo avanzado, GenAI proporciona previsiones de ventas precisas, lo que permite a las empresas anticipar las tendencias del mercado y asignar recursos de forma eficaz. Esto mejora la toma de decisiones y potencia la planificación estratégica.
3. **Automatización de procesos para la eficiencia**: GenAI automatiza tareas repetitivas como la calificación de clientes

potenciales y el seguimiento, liberando a los equipos de ventas para que se centren en actividades estratégicas. Esto no solo aumenta la productividad, sino que también reduce los errores y garantiza un enfoque coherente de la interacción con el cliente.

4. **Toma de decisiones más inteligente con información basada en datos**: La integración de GenAI permite el análisis en tiempo real de grandes conjuntos de datos, proporcionando información procesable para las estrategias de ventas. Esto mejora la agilidad y garantiza que los equipos de ventas puedan responder rápidamente a las dinámicas cambiantes del mercado.

5. **Nuevos roles y requisitos de habilidades**: La introducción de GenAI en la función de ventas está creando demanda de roles como líderes de estrategia de IA y diseñadores de experiencia del cliente. Estos roles requieren una combinación de experiencia técnica y resolución creativa de problemas para aprovechar GenAI de manera efectiva.

La adopción de GenAI en las ventas presenta una oportunidad única para que las empresas obtengan una ventaja competitiva, pero requiere un enfoque deliberado y proactivo. Los líderes deben priorizar la integración de GenAI en sus estrategias, capacitar a los equipos sobre sus capacidades y monitorear continuamente los resultados para mejorar. Al adoptar la innovación y fomentar la colaboración, las organizaciones pueden posicionarse para un crecimiento sostenido en el cambiante panorama de las ventas.

CAPÍTULO 8: SERVICIO AL CLIENTE Y SOPORTE

Introducción a GenAI en Servicio al Cliente y Soporte

El servicio y la asistencia al cliente forman la columna vertebral de la relación de una empresa con sus clientes. Esta función es fundamental para mantener la satisfacción, la lealtad y la retención del cliente mientras se abordan las inquietudes, se resuelven problemas y se proporciona orientación relacionada con el producto o el servicio. Un servicio al cliente eficaz puede transformar a los compradores de una sola vez en defensores de por vida, lo que lo convierte en un pilar esencial de cualquier negocio exitoso.

GenAI está remodelando el servicio y la asistencia al cliente al proporcionar nuevas formas de interactuar con los clientes, resolver problemas más rápido y crear experiencias personalizadas. La capacidad de GenAI para procesar grandes volúmenes de datos de clientes permite la generación de respuestas perspicaces en tiempo real, lo que mejora la eficiencia y la eficacia. Al automatizar tareas repetitivas, como responder a las preguntas más frecuentes o enrutar las consultas, GenAI permite a los agentes humanos centrarse en cuestiones más complejas. Su capacidad para generar soluciones personalizadas e interacciones empáticas garantiza que los clientes se sientan valorados y comprendidos, fomentando relaciones más sólidas.

La relevancia de GenAI en el servicio al cliente se extiende más allá de la eficiencia operativa; Es una herramienta para la innovación. Los chatbots y asistentes virtuales impulsados por GenAI son cada vez más hábiles para simular interacciones similares a las humanas, brindar soporte las 24 horas del día, los 7 días de la semana y brindar una calidad constante en todos los canales. Sus capacidades predictivas permiten a las empresas abordar de forma proactiva las necesidades de los clientes anticipándose a los problemas antes de que surjan. GenAI puede analizar patrones en los tickets de soporte para identificar problemas recurrentes y recomendar soluciones preventivas. Este enfoque proactivo eleva el servicio al cliente de una resolución reactiva de problemas a un impulsor estratégico de la satisfacción del cliente y el éxito empresarial.

A pesar de su importancia, la función de servicio y soporte al cliente enfrenta desafíos significativos para satisfacer las crecientes expectativas de los clientes. Los clientes de hoy en día exigen respuestas rápidas, interacciones personalizadas y experiencias omnicanal fluidas. Muchas organizaciones luchan por manejar grandes volúmenes de consultas, mantener una calidad constante y utilizar eficazmente los datos de los clientes. Estos desafíos a menudo conducen a largos tiempos de espera, insatisfacción y rotación.

GenAI aborda estas brechas optimizando los flujos de trabajo, mejorando la personalización y escalando las operaciones. Los procesos manuales a menudo ralentizan los tiempos de respuesta, pero GenAI puede automatizar estas tareas, garantizando resoluciones más rápidas y precisas. La personalización de las interacciones en función de las preferencias individuales de los clientes ha sido tradicionalmente un reto debido a los silos de datos y a las limitaciones de recursos. GenAI supera esto aprovechando los modelos de aprendizaje automático para analizar los datos de los clientes y generar recomendaciones o soluciones personalizadas. Las organizaciones a menudo carecen de la capacidad para proporcionar soporte las 24 horas del día o manejar picos en la demanda, particularmente durante los períodos pico. Los chatbots y agentes virtuales impulsados por GenAI pueden escalar sin esfuerzo para satisfacer estas demandas, lo que garantiza que los clientes reciban asistencia oportuna sin comprometer la calidad. Al abordar estos puntos débiles, GenAI está transformando el servicio al cliente en una función proactiva, eficiente y centrada en el cliente.

Impacto transformacional

GenAI está revolucionando el servicio y la asistencia al cliente al transformar la forma en que las empresas interactúan con sus clientes. Los modelos tradicionales de servicio al cliente a menudo se basan en enfoques reactivos, como abordar los problemas solo después de que se informan. GenAI permite un enfoque proactivo, predictivo y altamente personalizado. Al analizar los datos de los clientes en tiempo real, las herramientas impulsadas por GenAI pueden anticiparse a las necesidades de los clientes, recomendar soluciones antes de que los problemas se intensifiquen y ofrecer un soporte personalizado que resuene a nivel individual. Esta transición permite a las empresas deleitar a sus clientes con interacciones más rápidas, precisas y significativas, creando una mayor lealtad a la marca.

GenAI está redefiniendo la escalabilidad en el servicio al cliente. Los recursos humanos en este campo a menudo se ven limitados, especialmente durante los períodos de alta demanda. Los chatbots y asistentes virtuales de GenAI abordan este desafío al manejar un gran volumen de consultas simultáneamente, las 24 horas del día, los 7 días de la semana, sin comprometer la calidad. Más allá de responder preguntas, estas herramientas pueden escalar problemas más complejos a agentes humanos con un contexto detallado, lo que permite resoluciones más rápidas. GenAI no sustituye a los agentes humanos, sino que mejora sus capacidades, asegurándose de que se centren en tareas complejas y de alto valor que requieren empatía, juicio o creatividad.

El uso de GenAI también empodera a los equipos de servicio al cliente con información procesable. Los procesos de toma de decisiones ahora se basan en datos y se basan en el análisis de sentimientos de los clientes, las métricas de participación y los análisis predictivos. Como resultado, el servicio al cliente se convierte en una función estratégica que no solo resuelve problemas, sino que también da forma a las estrategias de experiencia del cliente.

La adopción de GenAI aporta cambios fundamentales en los flujos de trabajo de servicio al cliente, la toma de decisiones y la dinámica del equipo. La automatización de tareas rutinarias, como responder a las preguntas frecuentes, el enrutamiento de tickets y las consultas iniciales de los clientes, agiliza los flujos de trabajo, reduce los tiempos de respuesta y mejora la eficiencia. La toma de decisiones se vuelve más informada a medida que GenAI proporciona información procesable basada en los datos de los clientes, lo que permite a los líderes identificar tendencias, predecir las necesidades futuras de los clientes y asignar recursos de manera efectiva. En cuanto a la dinámica de equipo, la integración de las herramientas de GenAI permite a los agentes humanos pasar de ser solucionadores de problemas de primera línea a expertos especializados, lo que fomenta una mayor satisfacción laboral y crea oportunidades de mejora de las competencias.

A medida que GenAI remodela el servicio al cliente, el enfoque cambia de la resolución de problemas reactiva a la participación proactiva del cliente. Las empresas priorizan mejorar la experiencia del cliente a través de la hiperpersonalización, anticipándose a las necesidades y minimizando la fricción en las interacciones de soporte. La inversión en herramientas y formación de GenAI se convierte en una prioridad estratégica, lo que pone de manifiesto la necesidad de colaboración entre humanos e IA. Estos cambios también reflejan un creciente énfasis en aprovechar el servicio al cliente como un diferenciador competitivo, donde brindar un soporte sobresaliente contribuye directamente a la lealtad a la marca y la retención de clientes.

La adopción de GenAI presenta numerosas oportunidades para mejorar el servicio y la asistencia al cliente:

- **Soporte proactivo:** GenAI puede analizar patrones en las consultas de los clientes y el rendimiento del sistema para predecir posibles problemas. Las empresas pueden utilizar esta previsión para llegar a los clientes con soluciones antes de que encuentren problemas, reduciendo el tiempo de inactividad y mejorando la satisfacción.
- **Hiperpersonalización:** Al aprovechar los datos de los clientes, GenAI puede ofrecer recomendaciones personalizadas e interacciones de soporte. Este nivel de personalización hace que los clientes se sientan valorados y comprendidos, fomentando la lealtad y la confianza.

- **Coherencia omnicanal:** GenAI garantiza experiencias fluidas y coherentes en todos los canales, ya sea chat, correo electrónico, teléfono o redes sociales. Este enfoque unificado mejora la satisfacción del cliente al mantener el contexto y la continuidad independientemente de la plataforma.
- **Aumento de agentes:** GenAI mejora la eficiencia de los agentes humanos al proporcionar recomendaciones en tiempo real, automatizar tareas repetitivas y ofrecer bases de conocimiento profundas. Esto permite a los agentes centrarse en tareas complejas y de alto valor y mejorar su productividad.
- **Soporte escalable las 24 horas del día, los 7 días** de la semana: Los chatbots y los agentes virtuales impulsados por GenAI brindan soporte las 24 horas del día, manejando de manera eficiente los picos de consultas sin costos de personal adicionales. Esta escalabilidad garantiza que los clientes siempre reciban asistencia oportuna, lo que mejora la calidad general del servicio.

GenAI está transformando fundamentalmente el servicio y la asistencia al cliente en una función proactiva, escalable y basada en datos. Al automatizar las tareas rutinarias, mejorar la personalización y proporcionar información procesable, GenAI permite a las empresas ofrecer experiencias excepcionales a los clientes de forma constante. Esta transformación eleva el servicio al cliente de un centro de costos a un activo estratégico, lo que contribuye directamente a la lealtad del cliente y al crecimiento del negocio. A medida que las organizaciones adoptan la GenIA, se posicionan para liderar en un panorama competitivo en el que la experiencia del cliente es primordial.

Tecnologías y herramientas clave

GenAI ofrece una gama de tecnologías, modelos y plataformas que están transformando el servicio y la asistencia al cliente. Los grandes modelos de lenguaje (LLM) como GPT de OpenAI, Bard de Google y Azure OpenAI Services de Microsoft permiten a las empresas proporcionar comprensión del lenguaje natural, capacidades conversacionales y análisis de sentimientos avanzados. Herramientas como Zendesk AI, Salesforce Einstein y Genesys Cloud CX aprovechan GenAI para brindar soporte personalizado, automatizar tareas repetitivas y analizar las interacciones con los clientes. Estas tecnologías permiten a las empresas mejorar los tiempos de respuesta, mejorar la satisfacción del cliente y ofrecer experiencias de soporte escalables las 24 horas del día, los 7 días de la semana.

La integración de GenAI con los sistemas existentes requiere un enfoque sin fisuras que aproveche las API, el middleware y las canalizaciones de datos sólidas. Las plataformas de gestión de relaciones con los clientes (CRM) como Salesforce o HubSpot se benefician significativamente de la integración de GenAI, ya que la IA mejora la toma de decisiones basada en datos y permite interacciones personalizadas. Los chatbots y los asistentes virtuales impulsados por GenAI se pueden implementar dentro de estos sistemas, lo que permite resolver las consultas de los clientes de manera eficiente y precisa.

La integración de GenAI con las herramientas de comentarios de los clientes y las plataformas de análisis permite a las empresas recopilar información procesable a partir de las interacciones de soporte. La combinación de GenAI con el software del centro de contacto permite la transcripción en tiempo real, el etiquetado automático y las sugerencias contextuales para los agentes de soporte. Las empresas deben priorizar la interoperabilidad, asegurándose de que sus soluciones GenAI funcionen de manera cohesiva con otras tecnologías mientras mantienen intercambios de datos seguros.

Varias tendencias técnicas están remodelando el panorama del servicio al cliente, ofreciendo un potencial transformador cuando se combina con GenAI:

- **IA conversacional:** Los chatbots avanzados y los asistentes de voz están aprovechando GenAI para manejar interacciones cada vez más complejas con los clientes. Estas herramientas proporcionan respuestas naturales e intuitivas, minimizando la necesidad de intervención humana.
- **Análisis de sentimientos y detección de emociones:** Las herramientas de GenAI analizan el tono y el sentimiento de los clientes durante las interacciones, lo que permite a las empresas adaptar sus respuestas de forma dinámica. Esto mejora la experiencia general del cliente y permite resoluciones impulsadas por la empatía.
- **Integración de soporte omnicanal:** GenAI garantiza experiencias de soporte consistentes en múltiples canales, como correo electrónico, chat y redes sociales. Las interacciones unificadas reducen la fricción y generan

confianza al mantener el contexto independientemente de la plataforma.

- **Análisis predictivo:** Aprovechando los datos de los clientes, GenAI predice los problemas antes de que surjan, lo que permite a las empresas abordar de forma proactiva las necesidades de los clientes y reducir la pérdida de clientes. La información predictiva ayuda a las organizaciones a asignar recursos de forma más eficaz.

- **Asistencia de agentes en tiempo real:** GenAI aumenta los agentes humanos con sugerencias, resúmenes y acceso a la base de conocimientos en tiempo real. Al automatizar las tareas repetitivas, GenAI permite a los agentes centrarse en actividades de alto valor, aumentando la eficiencia y la satisfacción.

La integración de GenAI en el servicio al cliente y el soporte no solo está redefiniendo la forma en que operan las empresas, sino que también está mejorando las relaciones con los clientes. Desde herramientas de IA conversacional de última generación hasta análisis predictivos e integración omnicanal, las tecnologías adecuadas permiten a las organizaciones ofrecer experiencias excepcionales al tiempo que mejoran la eficiencia. Al mantenerse a la vanguardia de las tendencias clave y adoptar sistemas escalables e interoperables, las empresas pueden transformar sus funciones de soporte en una ventaja estratégica en el panorama competitivo actual.

Desafíos y riesgos

La adopción de GenAI en el servicio y soporte al cliente plantea importantes preocupaciones éticas. La privacidad es uno de los principales desafíos, ya que los sistemas GenAI a menudo procesan grandes cantidades de datos confidenciales de los clientes, incluida la información personal y los historiales de transacciones. El mal uso o el acceso no autorizado a estos datos puede dar lugar a violaciones de confianza y consecuencias legales en virtud de normativas como HIPPA, GDPR o CCPA. Los sesgos dentro de los modelos de GenAI pueden dar lugar a un trato injusto o incoherente de los clientes, especialmente cuando se manejan diversos contextos lingüísticos y culturales.

La transparencia es otro obstáculo ético. Es posible que los clientes no siempre sean conscientes de que están interactuando con IA en lugar de con un agente humano, lo que genera problemas de consentimiento y confianza. Las empresas deben navegar por el equilibrio entre aprovechar la eficiencia de la IA y mantener relaciones genuinas con los clientes. Las consideraciones éticas también se extienden para garantizar la prestación equitativa de servicios, ya que los sistemas excesivamente automatizados pueden priorizar inadvertidamente a ciertos grupos de clientes sobre otros.

A medida que las organizaciones confían cada vez más en GenAI para el servicio al cliente, el riesgo de uso indebido o dependencia se convierte en una preocupación crítica. La dependencia excesiva de los sistemas impulsados por la IA puede crear vulnerabilidades, especialmente cuando se reduce la supervisión humana. Un sistema de IA que comete errores en la comprensión de la intención del cliente o proporciona respuestas inapropiadas puede aumentar la insatisfacción del cliente y, sin los protocolos de escalamiento adecuados, estos problemas pueden persistir sin ser detectados.

El uso indebido de GenAI también puede manifestarse en la implementación de estos sistemas sin las salvaguardias adecuadas, lo que resulta en explotación, como intentos de phishing o manipulación de datos de clientes. La dependencia de la GenAI puede provocar una erosión de las habilidades de los agentes de soporte humano, ya que es posible que ya no desarrollen ni mantengan experiencia para abordar problemas complejos de los clientes. Esta dependencia también podría hacer que las organizaciones sean vulnerables a interrupciones operativas en caso de fallos del sistema de IA o ciberataques.

Para abordar estos desafíos y riesgos, las empresas deben implementar marcos integrales que garanticen el uso responsable y seguro de GenAI en el servicio y soporte al cliente. Estos marcos deben incluir medidas para la responsabilidad ética, la seguridad sólida y la resiliencia operativa. A continuación se presentan los cinco enfoques principales para mitigar los riesgos en esta función:

- **Cumplimiento de la privacidad y la seguridad de los datos:** Desarrolle y aplique políticas estrictas de privacidad de datos alineadas con las normativas globales, como el RGPD y la CCPA. Las auditorías periódicas y los protocolos de cifrado garantizan que los datos de los clientes permanezcan seguros y confidenciales.
- **Monitoreo y mitigación de sesgos:** evalúe regularmente los modelos de GenAI en busca de sesgos, particularmente aquellos que podrían afectar negativamente las interacciones

con los clientes. Introduzca diversos conjuntos de datos e implemente métricas de evaluación de equidad para garantizar un trato equitativo en todos los datos demográficos de los clientes.

- **Supervisión y colaboración humanas:** Mantenga un equilibrio entre la IA y los agentes humanos incorporando la IA como una herramienta de asistencia en lugar de una solución independiente. Asegúrese de que los agentes humanos puedan anular las decisiones de la IA y manejar casos complejos.

- **Transparencia y consentimiento:** Comunícate claramente con los clientes cuando interactúan con un sistema de IA. Proporcione opciones de escalado a agentes humanos y asegúrese de que los clientes puedan optar fácilmente por no participar en las interacciones impulsadas por IA si lo desean.

- **Planes de gestión de riesgos de IA:** Establezca planes de contingencia para fallos del sistema de IA o ciberataques, incluidas copias de seguridad, medidas de redundancia y protocolos de escalada rápida. Realice pruebas de estrés y simulaciones periódicas para prepararse para posibles interrupciones.

Si bien GenAI ofrece un potencial transformador para el servicio y la asistencia al cliente, su adopción no está exenta de desafíos. Al abordar las preocupaciones éticas, gestionar los riesgos de uso indebido e implementar marcos sólidos, las organizaciones pueden aprovechar de manera responsable la GenAI para mejorar sus interacciones con los clientes. Este enfoque equilibrado garantiza que las empresas no solo mitiguen los riesgos, sino que también generen confianza y resiliencia en sus operaciones de servicio al cliente.

Evolución del conjunto de habilidades

La integración de GenAI en el servicio y soporte al cliente está alterando fundamentalmente el conjunto de habilidades requeridas para los profesionales en esta función. A medida que los sistemas de IA manejan consultas rutinarias y automatizan muchas tareas de soporte, se espera cada vez más que los profesionales se centren en interacciones con los clientes más complejas y matizadas que requieren pensamiento crítico, inteligencia emocional y habilidades de resolución de problemas. La competencia para trabajar junto a las herramientas de IA, comprender sus capacidades y limitaciones, y garantizar su implementación efectiva se han convertido en habilidades esenciales.

Para prosperar en un entorno de servicio al cliente habilitado por GenAI, los empleados deben someterse a una formación específica y a la mejora de sus habilidades. Es necesario alfabetizar digitalmente y dominar la IA. Los profesionales deben comprender cómo operar y colaborar con los sistemas de IA, aprovechando las herramientas para tareas como el análisis de datos de clientes, la detección de sentimientos y la optimización automatizada de respuestas. Los programas de formación deben abarcar temas como la ética de la IA, la seguridad de los datos y la resolución de problemas del sistema para garantizar que los empleados puedan gestionar los sistemas de IA de forma responsable.

No se puede exagerar la importancia de las habilidades blandas. A medida que la IA se haga cargo de las tareas transaccionales, los representantes de servicio al cliente necesitarán habilidades interpersonales y de comunicación avanzadas para manejar los problemas escalados o delicados de los clientes. Estos escenarios a menudo exigen empatía, escucha activa y competencia cultural, ya que implican abordar problemas que los sistemas de IA no pueden resolver por completo. Los programas de desarrollo continuo centrados en estas habilidades centradas en el ser humano garantizarán que los empleados sigan siendo indispensables en un modelo híbrido de IA-servicio humano.

GenAI no solo está transformando los roles existentes, sino que también está creando trayectorias profesionales completamente nuevas en el servicio y soporte al cliente. Estos roles combinan la experiencia técnica con responsabilidades centradas en el cliente, haciendo hincapié en la colaboración entre los humanos y los sistemas de IA. A continuación se presentan cinco roles emergentes que remodelan la función:

- **Estratega de experiencia del cliente con IA:** este puesto se centra en diseñar y optimizar los recorridos de los clientes impulsados por la IA. Estos profesionales analizan las interacciones con los clientes y aprovechan los conocimientos de GenAI para mejorar la satisfacción y agilizar los procesos.
- **Especialista en soporte de IA:** Dedicados a la gestión y resolución de problemas de los sistemas GenAI, estos especialistas garantizan el funcionamiento sin problemas de

las herramientas de IA y abordan los problemas técnicos con prontitud para minimizar las interrupciones en el servicio.

- **Coach de colaboración humano-IA:** Este rol implica capacitar a los equipos de servicio al cliente para trabajar de manera efectiva con sistemas de IA, fomentando un entorno colaborativo donde los agentes humanos y las herramientas de GenAI se complementan entre sí.

- **Experto en análisis de sentimientos:** Estos profesionales se especializan en el uso de herramientas de análisis de sentimientos impulsadas por IA para identificar las emociones de los clientes y adaptar las respuestas para mejorar el compromiso y la retención.

- **Defensor de la privacidad de los datos del cliente:** esta función se centra en garantizar el cumplimiento de la normativa de privacidad de datos y mantener las prácticas éticas de IA. Los defensores desempeñan un papel fundamental en la creación de confianza al salvaguardar la información de los clientes y promover la transparencia.

La evolución de GenAI en el servicio y soporte al cliente está redefiniendo los roles profesionales, enfatizando la necesidad de habilidades híbridas que combinen la competencia técnica con habilidades centradas en el ser humano. Las organizaciones que invierten en mejorar las habilidades de su fuerza laboral y adoptar nuevas trayectorias profesionales no solo mejorarán la calidad de su servicio, sino que también empoderarán a los empleados para prosperar en un panorama impulsado por la IA. Estos esfuerzos estratégicos posicionarán a las empresas para que sigan siendo competitivas, al tiempo que fomentan una cultura de innovación y adaptabilidad.

Tendencias emergentes

GenAI está preparada para revolucionar el servicio y la asistencia al cliente, impulsando mejoras significativas en la eficiencia, la personalización y la satisfacción general del cliente. A largo plazo, GenAI se integrará a la perfección con los equipos humanos, automatizando tareas repetitivas y permitiendo a los profesionales del servicio de atención al cliente centrarse en interacciones complejas y de alto valor. Este modelo híbrido redefinirá la forma en que las organizaciones abordan la interacción con el cliente, ofreciendo tiempos de respuesta más rápidos, soporte personalizado y soluciones proactivas.

Una tendencia destacada es el aumento del **análisis de sentimientos en tiempo real y la detección de emociones**. Las herramientas avanzadas de GenAI son cada vez más capaces de analizar el tono, el lenguaje y el comportamiento de los clientes durante las interacciones, lo que permite a las empresas adaptar las respuestas de forma dinámica. Esto fomenta una empatía más profunda y mejora la resolución de problemas, especialmente en situaciones delicadas.

Otra tendencia es **la hiperpersonalización** en las interacciones con los clientes. GenAI puede analizar grandes cantidades de datos de clientes para elaborar recomendaciones, mensajes y soluciones individualizadas. Este nivel de personalización crea relaciones más sólidas con los clientes e impulsa la lealtad, ya que los clientes se sienten comprendidos y valorados de manera única.

La atención al cliente proactiva es cada vez más común con capacidades de IA predictiva. En lugar de esperar a que los clientes se pongan en contacto con los problemas, GenAI se anticipa a los posibles problemas y ofrece soluciones antes de que se intensifiquen. La IA puede notificar a los clientes sobre interrupciones del servicio o sugerir reemplazos de productos en función de los patrones de uso.

La **convergencia de las plataformas de soporte omnicanal** es otro avance crítico. GenAI permite una experiencia de cliente unificada en múltiples puntos de contacto, incluidos chat, correo electrónico, redes sociales y voz. Los clientes reciben un soporte coherente y sin interrupciones, independientemente del canal que elijan.

Las soluciones de autoservicio impulsadas por IA están creciendo en sofisticación. Los asistentes virtuales y los chatbots ahora están equipados para manejar consultas complejas, lo que reduce la dependencia de agentes humanos y permite a los clientes resolver problemas de forma independiente. Estas herramientas ahorran tiempo tanto a los clientes como a los equipos de soporte, al tiempo que garantizan la disponibilidad permanente.

Para capitalizar estas tendencias, las organizaciones deben adoptar estrategias con visión de futuro que integren GenAI de manera efectiva en las funciones de servicio al cliente. A continuación se presentan las cinco principales prioridades estratégicas:

- **Invierta en herramientas avanzadas de IA:** priorice la adopción de plataformas GenAI de vanguardia que mejoren la automatización, la personalización y los conocimientos de los clientes. Estas herramientas deben alinearse con los objetivos de la organización e integrarse a la perfección con las tecnologías existentes.

- **Concéntrese en la mejora de las habilidades de la fuerza laboral:** equipe a los equipos con el conocimiento y las habilidades para colaborar de manera efectiva con los sistemas de IA. Los programas de capacitación deben enfatizar tanto la competencia técnica como las habilidades blandas, como la empatía y el pensamiento crítico.

- **Desarrollar prácticas éticas de IA:** Garantizar la transparencia, la equidad y la rendición de cuentas en el uso de la GenIA. Establezca marcos para abordar posibles sesgos, proteger los datos de los clientes y mantener la confianza.

- **Mejore las capacidades omnicanal:** cree sistemas de soporte cohesivos que permitan interacciones fluidas con los clientes en varias plataformas. Utilice GenAI para unificar los flujos de trabajo y garantizar la coherencia en la prestación de servicios.

- **Aproveche el análisis predictivo:** utilice la información impulsada por la IA para anticiparse a las necesidades de los clientes y mejorar la toma de decisiones. El análisis predictivo puede optimizar la asignación de recursos, reducir los tiempos de respuesta y ofrecer un soporte proactivo.

La rápida evolución de GenAI en el servicio y soporte al cliente está marcando el comienzo de una nueva era de eficiencia, personalización y compromiso proactivo. Las organizaciones que adopten estas tendencias y prioricen las iniciativas estratégicas no solo mejorarán la satisfacción del cliente, sino que también se posicionarán como líderes en sus industrias. Al aprovechar GenAI de manera responsable e innovadora, las empresas pueden redefinir la experiencia del cliente y mantener el éxito a largo plazo.

Conclusión

GenAI es una fuerza transformadora en el servicio y la asistencia al cliente, que ofrece oportunidades sin precedentes para mejorar la eficiencia, la personalización y la satisfacción del cliente. Al automatizar tareas repetitivas, analizar grandes conjuntos de datos para obtener información procesable y ofrecer experiencias de cliente hiperpersonalizadas, GenAI permite a las organizaciones satisfacer las expectativas cambiantes de los clientes. Su capacidad para proporcionar soluciones fluidas, proactivas y escalables lo posiciona como una piedra angular de las estrategias modernas de servicio al cliente.

Para aprovechar todo el potencial de la GenIA, las organizaciones deben abordar su adopción con previsión estratégica y flexibilidad. La implementación efectiva de GenAI requiere algo más que la integración de herramientas avanzadas: implica un replanteamiento fundamental de los flujos de trabajo, los roles y los modelos de interacción con el cliente. Las organizaciones deben evaluar sus necesidades únicas, alinear las iniciativas de IA con los objetivos empresariales y medir continuamente el impacto de las soluciones de GenAI para garantizar que generen resultados significativos. La planificación estratégica también debe abarcar inversiones en infraestructura, capacitación y gestión del cambio para apoyar la adaptación técnica y cultural.

La adaptabilidad será clave a medida que el panorama del servicio al cliente evolucione junto con las tecnologías GenAI. Surgirán nuevas tendencias y desafíos, que exigirán una mentalidad de aprendizaje e innovación continuos. Las organizaciones deben estar en sintonía con los desarrollos en las capacidades de IA, los requisitos regulatorios y las preferencias de los clientes para seguir siendo competitivas. Construir una cultura de colaboración entre los agentes humanos y los sistemas de IA es fundamental para fomentar la confianza, la creatividad y la eficiencia. Al hacerlo, las empresas no solo pueden mejorar sus ofertas actuales de servicio al cliente, sino también posicionarse para prosperar en un futuro cada vez más impulsado por la IA.

Conclusiones clave

1. **GenAI mejora la personalización del cliente:** GenAI permite a las empresas ofrecer experiencias de cliente hiperpersonalizadas mediante el análisis de grandes cantidades de datos para predecir necesidades y preferencias. Esta capacidad mejora significativamente la satisfacción y la lealtad del cliente, al tiempo que agiliza las interacciones.
2. **La automatización impulsa la eficiencia:** Al automatizar tareas repetitivas como el enrutamiento de tickets, las preguntas frecuentes y las consultas básicas de soporte, GenAI reduce los tiempos de respuesta y permite que los agentes humanos se centren en interacciones más complejas

y basadas en el valor. Esto conduce a una mayor productividad y una reducción de los costos operativos.

3. **Soporte proactivo e información predictiva**: GenAI proporciona a las organizaciones las herramientas para anticiparse a las necesidades de los clientes y ofrecer soluciones proactivas a través de análisis predictivos. Esta capacidad transforma el servicio al cliente de una función reactiva a una ventaja estratégica, impulsando el compromiso y la retención.

4. **Los desafíos éticos y de seguridad de datos requieren atención**: Si bien la GenAI ofrece un potencial transformador, las organizaciones deben abordar las consideraciones éticas y los riesgos de seguridad de los datos. La transparencia, la mitigación de sesgos y unos marcos de gobernanza sólidos son esenciales para garantizar una adopción responsable y sostenible de la IA.

5. **Remodelación de roles y habilidades en el servicio al cliente**: La integración de GenAI está redefiniendo los conjuntos de habilidades requeridas para los profesionales del servicio al cliente. Ahora se hace hincapié en la gestión de herramientas de IA, la interpretación de análisis y la construcción de relaciones interpersonales sólidas, allanando el camino para nuevos roles y trayectorias profesionales.

A medida que las empresas navegan por la revolución de la GenAI en el servicio al cliente, deben priorizar tanto la innovación como la responsabilidad. El potencial para transformar la interacción con el cliente a través de la hiperpersonalización, los conocimientos predictivos y la automatización es enorme, pero el éxito dependerá de la implementación estratégica y del compromiso con las prácticas éticas. Al invertir en el desarrollo de habilidades, fomentar la colaboración entre los agentes humanos y los de IA, y adaptarse continuamente a las tendencias emergentes, las organizaciones pueden desbloquear todo el valor de la GenAI al tiempo que establecen una base sólida para el crecimiento futuro.

CAPÍTULO 9: FINANZAS

Introducción a GenAI en Finanzas

La función financiera es la columna vertebral de cualquier organización, responsable de gestionar los recursos, optimizar los costes, impulsar la rentabilidad y garantizar el cumplimiento de los marcos normativos. Su papel es fundamental en la toma de decisiones estratégicas, ya que proporciona una visión integral de la salud financiera de una organización e informa la planificación futura. Desde la elaboración de presupuestos hasta la gestión de riesgos, las finanzas son fundamentales para garantizar la sostenibilidad a largo plazo y el valor para los accionistas.

GenAI presenta capacidades innovadoras que están transformando la función financiera. Al automatizar procesos complejos y mejorar las capacidades analíticas, GenAI permite a los profesionales financieros centrarse en iniciativas estratégicas en lugar de tareas operativas. Las herramientas impulsadas por GenAI pueden generar informes financieros en segundos, resumir conjuntos de datos intrincados o proporcionar información procesable a través de análisis predictivos. La capacidad de procesar grandes volúmenes de datos y derivar patrones significativos ofrece una ventaja significativa en áreas como el análisis de inversiones, la detección de fraudes y la optimización de recursos.

GenAI contribuye a mejorar la precisión y reducir el error humano en los flujos de trabajo financieros. Los sistemas automatizados impulsados por modelos avanzados de IA pueden monitorear las transacciones en tiempo real, señalando discrepancias o irregularidades para su revisión inmediata. GenAI desempeña un papel fundamental en las funciones de cara al cliente, como la planificación financiera personalizada, donde puede generar recomendaciones personalizadas basadas en datos financieros individuales. Esto crea una combinación perfecta de tecnología y supervisión humana, impulsando la eficiencia y mejorando la satisfacción del cliente.

A pesar de su potencial, la función financiera se enfrenta a una serie de retos que GenAI puede ayudar a abordar. Los equipos financieros suelen estar sobrecargados de tareas repetitivas, como la entrada de datos, la conciliación y la documentación de cumplimiento, que consumen tiempo y recursos valiosos. La naturaleza manual de estos procesos introduce un riesgo de error e ineficiencia, que GenAI puede mitigar mediante la automatización y los flujos de trabajo inteligentes.

Otro tema crítico es la creciente complejidad de las regulaciones financieras y la dificultad que enfrentan las organizaciones para mantener el cumplimiento. Leyes como la Sarbanes-Oxley ("SOX") y las Normas Internacionales de Información Financiera ("NIIF") exigen rigurosos estándares de información y gestión de datos, que pueden llevar mucho tiempo y ser costosos de lograr. GenAI ofrece soluciones automatizando los informes regulatorios y garantizando el cumplimiento de estándares en constante evolución a través de monitoreo y auditoría en tiempo real. La detección de fraudes se ha vuelto cada vez más desafiante con la sofisticación de las amenazas cibernéticas. La capacidad de GenAI para identificar anomalías y patrones dentro de conjuntos de datos masivos proporciona una poderosa herramienta para mitigar los riesgos financieros y salvaguardar los activos.

Impacto transformacional

GenAI está revolucionando la función financiera, permitiendo a las organizaciones operar con mayor precisión, eficiencia y agilidad. Al automatizar procesos complejos y con uso intensivo de datos, GenAI permite a los equipos financieros cambiar su enfoque de las tareas operativas a la planificación estratégica y la toma de decisiones. Desde la generación de informes financieros dinámicos hasta la previsión de tendencias de ingresos con una precisión sin precedentes, las capacidades de GenAI mejoran tanto la velocidad como la profundidad del análisis financiero. Su capacidad para procesar y sintetizar grandes conjuntos de datos ha allanado el camino para obtener información más matizada, lo que ayuda a las organizaciones a identificar nuevas oportunidades de crecimiento y navegar por los riesgos de manera efectiva.

La adopción de GenAI también está remodelando los flujos de trabajo y la dinámica de los equipos en las finanzas. Las tareas repetitivas y que requieren mucho tiempo, como la conciliación, los informes de cumplimiento y la supervisión de transacciones, ahora están automatizadas, lo que libera recursos para actividades de mayor valor. Los procesos de toma de decisiones se están volviendo más proactivos y basados en datos, ya que las herramientas de GenAI generan información procesable en tiempo real. Este cambio está fomentando una mayor colaboración entre los equipos financieros y permitiendo que los líderes financieros asuman un papel más consultivo dentro de sus organizaciones, ofreciendo recomendaciones respaldadas por datos para impulsar iniciativas estratégicas.

A medida que la GenAI se integra cada vez más en las operaciones financieras, el enfoque de la función está cambiando hacia la innovación y la adaptabilidad. Las organizaciones están priorizando las inversiones en herramientas y plataformas de análisis impulsadas por IA, que brindan una ventaja competitiva al mejorar las capacidades de previsión, detección de fraudes y personalización del cliente. Esta transformación requiere que los equipos financieros no solo adopten el cambio tecnológico, sino que también alineen sus objetivos con la estrategia empresarial más amplia para maximizar el valor derivado de las inversiones en IA.

La integración de GenAI presenta numerosas oportunidades para transformar la función financiera. A continuación se presentan cinco áreas clave en las que GenAI puede ofrecer beneficios sustanciales:

- **Informes financieros automatizados**: GenAI agiliza la preparación de estados financieros, presupuestos e informes de variación mediante la automatización de la recopilación, el formato y el análisis de datos. Esto reduce los errores y permite a los profesionales de las finanzas centrarse en la interpretación de los resultados y en asesorar sobre la estrategia.

- **Detección de fraude mejorada**: Los modelos de GenAI se destacan en la identificación de anomalías dentro de conjuntos de datos masivos, lo que permite la detección y prevención de fraudes en tiempo real. Al aprender de los patrones de fraude históricos, estos sistemas pueden marcar transacciones sospechosas con alta precisión, protegiendo los activos de la organización.

- **Pronóstico financiero dinámico**: Aprovechando los algoritmos de aprendizaje automático, GenAI mejora la precisión de los pronósticos de ingresos, gastos y flujo de caja. Estos conocimientos predictivos ayudan a las organizaciones a tomar decisiones informadas sobre la asignación de recursos, las inversiones y la gestión de riesgos.

- **Automatización del cumplimiento normativo**: Con los panoramas regulatorios cada vez más complejos, GenAI simplifica el cumplimiento mediante la automatización de los procesos de validación de datos, informes y auditoría. Esto garantiza el cumplimiento de las normas en evolución al tiempo que minimiza el costo de los esfuerzos de cumplimiento.

- **Servicios financieros centrados en el cliente**: GenAI mejora las experiencias de los clientes al brindar asesoramiento financiero personalizado, estrategias de inversión personalizadas y respuestas automatizadas a las consultas de los clientes. Esto fomenta relaciones más sólidas y aumenta la lealtad del cliente.

GenAI no es simplemente una herramienta para la eficiencia operativa, sino un catalizador para la transformación estratégica en las finanzas. Al automatizar los procesos mundanos, ofrecer información procesable y permitir experiencias personalizadas para los clientes, GenAI permite a los equipos financieros asumir un papel más proactivo e influyente dentro de sus organizaciones. Para liberar todo su potencial, las empresas deben adoptar un enfoque estratégico para la implementación, asegurando la alineación tanto con las metas inmediatas como con los objetivos a largo plazo. El camino hacia las finanzas habilitadas por la GenIA es de adaptación, aprendizaje e innovación continua.

Tecnologías y herramientas clave

GenAI ha introducido un conjunto de herramientas y plataformas avanzadas que los profesionales de las finanzas pueden aprovechar para optimizar los procesos, mejorar la toma de decisiones e impulsar la innovación. Entre las tecnologías más destacadas se encuentran los grandes modelos de lenguaje (LLM) como la serie GPT de OpenAI, que puede generar informes financieros, realizar análisis de sentimientos y respaldar la toma de decisiones mediante la síntesis de datos de mercado. Del mismo modo, las redes generativas adversarias (GAN) se utilizan para crear datos financieros sintéticos para modelos de pruebas de estrés, mientras que las plataformas de análisis predictivo, impulsadas por algoritmos de aprendizaje automático, proporcionan capacidades de pronóstico precisas. Estas tecnologías funcionan a la perfección para mejorar la velocidad, la precisión y la escalabilidad de las operaciones financieras.

La integración de la GenAI con los sistemas financieros existentes requiere una implementación cuidadosa para maximizar su potencial. Los sistemas de planificación de recursos empresariales (ERP), las herramientas de gestión de relaciones con los clientes (CRM) y las plataformas de cumplimiento pueden beneficiarse de las capacidades de GenAI, como los informes automatizados y la detección de anomalías. Al incorporar GenAI en estos sistemas, las organizaciones pueden garantizar el procesamiento de datos en tiempo real, mejorando la precisión y reduciendo el esfuerzo manual. La integración de GenAI con los sistemas ERP puede automatizar las conciliaciones financieras, mientras que las integraciones de CRM pueden permitir interacciones personalizadas con los clientes basadas en información predictiva. La integración requiere API y middleware sólidos para garantizar la compatibilidad y el intercambio eficiente de datos entre sistemas.

El éxito de la integración de GenAI también depende del establecimiento de una infraestructura de datos cohesiva. Las instituciones financieras deben invertir en soluciones escalables en la nube, lagos de datos seguros y canalizaciones de datos optimizadas para respaldar las altas demandas computacionales de los modelos GenAI. La colaboración entre los equipos de TI y finanzas es crucial para mantener la fiabilidad del sistema y la seguridad de los datos. A medida que las regulaciones de privacidad de datos como GDPR y CCPA se vuelven más estrictas, las organizaciones deben asegurarse de que sus implementaciones de GenAI se adhieran a los estándares de cumplimiento. Esto requiere la implementación de técnicas avanzadas de cifrado, controles de acceso y anonimización.

La influencia transformadora de la GenAI en las finanzas se ve subrayada por varias tendencias emergentes:

- **Análisis predictivo para la toma de decisiones proactiva:** Los avances en análisis predictivo permiten a los profesionales financieros anticipar las tendencias del mercado, los comportamientos de los clientes y los factores de riesgo con una precisión sin precedentes. Al aprovechar estos conocimientos, las organizaciones pueden ajustar proactivamente las estrategias, optimizar la asignación de recursos y mitigar las posibles interrupciones.
- **Hiperautomatización en operaciones financieras:** La combinación de GenAI con la automatización robótica de procesos (RPA) permite la automatización de los procesos financieros de extremo a extremo, desde las cuentas por pagar hasta los informes de cumplimiento. Esto reduce los costos operativos, acelera los flujos de trabajo y minimiza los errores humanos.
- **Detección de fraudes impulsada por IA:** GenAI mejora las capacidades de detección de fraudes mediante el análisis de datos transaccionales en tiempo real para identificar anomalías y patrones inusuales. Al aprender continuamente de los nuevos datos, estos sistemas mejoran su precisión, protegiendo a las organizaciones contra los delitos financieros.
- **Generación de datos sintéticos para pruebas de modelos:** mediante el uso de GAN, las instituciones financieras pueden generar conjuntos de datos sintéticos para entrenar y validar modelos de aprendizaje automático. Este enfoque garantiza que los algoritmos sean robustos y capaces de manejar diversos escenarios mientras se mantiene la privacidad de los datos.
- **Procesamiento del lenguaje natural (PNL) en la comunicación financiera:** Las herramientas de PNL permiten el análisis en tiempo real del sentimiento del mercado, resúmenes automatizados de noticias financieras y agilizar las interacciones con los clientes a través de chatbots

y asistentes virtuales. Esto mejora la toma de decisiones y mejora la experiencia del cliente.

Al aprovechar estas tecnologías y tendencias, las funciones financieras pueden desbloquear nuevos niveles de eficiencia, seguridad y conocimiento, impulsando el crecimiento sostenido y la ventaja competitiva en un mercado cada vez más complejo y dinámico.

Desafíos y riesgos

La adopción de GenAI en las finanzas introduce una serie de desafíos éticos específicos del sector. El más importante de ellos es garantizar el cumplimiento financiero, ya que la toma de decisiones de GenAI a menudo carece de transparencia, lo que crea desafíos para cumplir con los requisitos regulatorios. Los sistemas financieros son objeto de un intenso escrutinio, y cualquier paso en falso impulsado por la IA, como la generación de recomendaciones de préstamo sesgadas o consejos de inversión defectuosos, puede provocar daños a la reputación y sanciones. La privacidad de los datos es una preocupación crítica, dada la naturaleza sensible de los datos financieros. Las instituciones deben proteger los datos de los clientes y de la organización de las infracciones, al tiempo que garantizan el cumplimiento de las normativas de datos. Estas consideraciones éticas enfatizan la necesidad de contar con mecanismos de supervisión sólidos para evitar el desajuste con las normas legales y morales.

Otro desafío ético radica en los sesgos inherentes presentes en los sistemas GenAI. Los modelos de IA son tan imparciales como los datos con los que se entrenan, y los sistemas financieros suelen incluir datos históricos que pueden reflejar desigualdades sistémicas. Si no se abordan, estos sesgos pueden propagar prácticas injustas, como préstamos o estrategias de inversión discriminatorias. Abordar este problema requiere una evaluación y un ajuste coherentes de los algoritmos de IA para garantizar la equidad y la inclusión en la toma de decisiones financieras.

Los riesgos de uso indebido o dependencia de la GenAI complican aún más su integración en las finanzas. La dependencia excesiva de los sistemas de IA puede dar lugar a una supervisión humana debilitada, y los empleados depositan una confianza indebida en los resultados algorítmicos. Dicha dependencia corre el riesgo de amplificar los errores, especialmente en las decisiones de alto riesgo, como las evaluaciones de riesgos o las estrategias de negociación. El posible uso indebido de la GenAI, como aprovecharla para tácticas manipuladoras o crear modelos financieros fraudulentos, puede tener consecuencias de gran alcance. Las instituciones financieras deben estar atentas para evitar que la GenAI sea explotada con fines poco éticos, ya sea interna o externamente.

La complejidad de los sistemas GenAI puede crear vulnerabilidades operativas. Los modelos mal implementados pueden generar predicciones o conocimientos incorrectos, lo que genera pérdidas financieras. La naturaleza de "caja negra" de algunos algoritmos de GenAI exacerba este problema, ya que las partes interesadas pueden tener dificultades para identificar la causa raíz de los errores o inconsistencias. El seguimiento y la validación continuos de los resultados de la IA son esenciales para mitigar estos riesgos y mantener la confianza en las operaciones financieras impulsadas por la IA.

Para mitigar los desafíos y riesgos asociados con GenAI en las finanzas, las organizaciones deben implementar marcos estructurados y mejores prácticas:

- **Detección y mitigación de sesgos**: Las organizaciones deben evaluar continuamente los modelos de IA en busca de sesgos, utilizando diversos conjuntos de datos y pruebas rigurosas para garantizar la equidad en la toma de decisiones. Las auditorías periódicas pueden identificar y abordar las posibles desigualdades.
- **Gobernanza transparente de la IA**: El desarrollo de marcos de gobernanza que prioricen la transparencia y la rendición de cuentas garantiza que todas las decisiones impulsadas por la IA sean explicables. Esto incluye la creación de documentación clara de cómo funcionan los modelos y la habilitación de auditorías para verificar el cumplimiento de las normas éticas.
- **Seguridad de datos sólida**: El establecimiento de protocolos de protección de datos sólidos, como el cifrado, los controles de acceso y las técnicas de anonimización, minimiza el riesgo de violaciones. Actualizar regularmente las medidas de seguridad es esencial para mantenerse a la vanguardia de las amenazas cibernéticas en evolución.
- **Supervisión human-in-the-loop**: La incorporación de la supervisión humana en los puntos de decisión críticos permite un equilibrio entre la eficiencia de la IA y el juicio

humano. Las instituciones financieras deben diseñar flujos de trabajo que incluyan una revisión periódica de los resultados generados por IA por parte de expertos.

- **Pruebas de estrés basadas en escenarios**: La realización de pruebas de estrés en modelos de IA utilizando escenarios hipotéticos garantiza la solidez en diversas condiciones de mercado. Esto ayuda a identificar vulnerabilidades y prepararse para desafíos inesperados, lo que reduce los riesgos operativos.

Al abordar estos riesgos a través de estrategias proactivas, las organizaciones financieras pueden desbloquear el potencial de GenAI y, al mismo tiempo, garantizar operaciones éticas, seguras y conformes.

Evolución del conjunto de habilidades

GenAI está transformando la función financiera, lo que está provocando una evolución significativa en los requisitos de habilidades para los profesionales. La experiencia financiera tradicional, aunque sigue siendo esencial, ahora debe complementarse con la competencia técnica en herramientas de IA, análisis de datos e interpretación de modelos. Se espera que los profesionales desarrollen una comprensión profunda de los sistemas impulsados por IA, lo que les permitirá aprovechar estas tecnologías para el análisis predictivo, la toma de decisiones automatizada y una mayor participación del cliente. Este cambio hace hincapié en las capacidades interdisciplinarias que combinan las finanzas, la tecnología y el pensamiento estratégico.

Para satisfacer las demandas de este panorama en evolución, las organizaciones financieras deben priorizar las iniciativas de capacitación y mejora de habilidades. Los empleados necesitan programas estructurados para familiarizarse con las plataformas GenAI y sus aplicaciones en los procesos financieros. La formación debe centrarse en la comprensión de los algoritmos de IA, la interpretación de los conocimientos generados por la IA y la garantía del cumplimiento de las normas éticas y reglamentarias. Las instituciones también deben ofrecer talleres prácticos y certificaciones para ayudar a los profesionales a adquirir experiencia práctica en la integración de la GenAI en los flujos de trabajo, como la evaluación de riesgos, la detección de fraudes y la optimización de la cartera.

La mejora de las competencias también debe abordar las implicaciones estratégicas de la adopción de la GenAI. Los profesionales deben cultivar habilidades de toma de decisiones que combinen los conocimientos de la IA con el juicio humano, lo que garantiza resultados responsables y efectivos. La formación en liderazgo es igualmente crucial, ya que los directivos deben supervisar los proyectos de IA, interpretar su impacto en las estrategias empresariales e impulsar la innovación. Las organizaciones deben crear programas de tutoría y vías de aprendizaje para fomentar el desarrollo profesional continuo, fomentando una fuerza laboral que se adapte a los avances tecnológicos y siga siendo competitiva.

La integración de GenAI en la función financiera también allana el camino para nuevas trayectorias profesionales. A medida que la IA se convierte en una parte integral de las operaciones financieras, están surgiendo roles especializados, redefiniendo el panorama de talento de la industria:

- **Analista financiero impulsado por IA**: este rol se centra en aprovechar las herramientas de GenAI para analizar grandes conjuntos de datos, generar pronósticos y crear información procesable para la inversión y la toma de decisiones estratégicas. Los analistas actuarán como intermediarios entre los resultados de la IA y las estrategias organizativas.
- **Oficial de Cumplimiento Ético** de IA: Con la tarea de garantizar la implementación ética de GenAI, estos profesionales supervisan los sistemas de IA para garantizar la equidad, la transparencia y el cumplimiento normativo. Desarrollan marcos de gobernanza y realizan auditorías periódicas para mitigar los riesgos éticos y legales.
- **Especialista en integración** de IA: Los especialistas en esta función facilitan la integración perfecta de GenAI en los sistemas financieros existentes. Trabajan en estrecha colaboración con los equipos de TI y operaciones para optimizar los flujos de trabajo, mejorar la compatibilidad y solucionar los desafíos de implementación.
- **Consultor de estrategia** de datos: Este puesto implica el diseño de estrategias de recopilación, gestión y utilización de datos para maximizar la eficacia de los sistemas GenAI. Los consultores garantizan la calidad, la relevancia y la seguridad de los datos para impulsar información de IA precisa e impactante.
- **GenAI Training Architect**: Estos profesionales diseñan e imparten programas de formación adaptados al sector

financiero, equipando a los empleados con las habilidades para operar y beneficiarse de los sistemas GenAI. Desarrollan recursos, talleres y certificaciones para abordar las necesidades específicas de la industria.

Al adoptar estos conjuntos de habilidades y roles en evolución, las organizaciones financieras pueden aprovechar todo el potencial de la GenAI y, al mismo tiempo, fomentar una fuerza laboral preparada para el futuro y equipada para navegar por las complejidades de las finanzas impulsadas por la IA.

Tendencias emergentes

GenAI está preparada para redefinir la función financiera al mejorar significativamente la eficiencia operativa, mejorar las capacidades predictivas y permitir la personalización avanzada del cliente. GenAI influirá en todos los aspectos de la gestión financiera, desde la detección de fraudes en tiempo real y los modelos de precios dinámicos hasta los informes automatizados y la planificación financiera predictiva. Al aprovechar estas capacidades, los equipos financieros pasarán de ser solucionadores de problemas reactivos a facilitadores estratégicos proactivos, remodelando fundamentalmente su papel en la toma de decisiones empresariales.

Las tendencias emergentes dentro del ámbito financiero ponen de manifiesto la creciente importancia de las soluciones impulsadas por la IA. Una tendencia importante es el uso cada vez mayor de análisis impulsados por IA para la previsión financiera. Las herramientas equipadas con capacidades de GenAI permiten a las organizaciones procesar conjuntos de datos masivos rápidamente y generar proyecciones detalladas que se adaptan a las condiciones cambiantes del mercado. Otra tendencia clave es el aumento de la supervisión de transacciones en tiempo real. Con GenAI, las instituciones financieras pueden identificar anomalías y posibles fraudes de forma más rápida y con mayor precisión que los sistemas tradicionales, protegiendo los activos y la confianza de los clientes. La adopción del procesamiento del lenguaje natural (NLP) en las herramientas de informes está haciendo que los datos financieros sean más accesibles y procesables para los no expertos. Al resumir la información financiera compleja en un lenguaje sencillo, GenAI democratiza los conocimientos, lo que permite una toma de decisiones más informada en todas las organizaciones.

Para seguir siendo competitivas, las organizaciones deben centrarse en prioridades estratégicas que se alineen con estas tendencias. Las inversiones en infraestructura de IA, como el procesamiento de datos basado en la nube y los modelos de aprendizaje automático escalables, serán esenciales para habilitar aplicaciones avanzadas de GenAI. Igualmente importante es el cultivo de equipos interdisciplinarios que combinen la experiencia técnica con la perspicacia financiera para garantizar la integración perfecta de las soluciones de IA. Las empresas también deberán dar prioridad a las prácticas éticas de IA, equilibrando la automatización con la transparencia y la responsabilidad para generar confianza con las partes interesadas.

Para capitalizar estas tendencias, las organizaciones deben adoptar estrategias con visión de futuro que integren la GenAI de manera efectiva en la función financiera. A continuación se presentan las cinco principales prioridades estratégicas:

- **Invertir en previsiones financieras impulsadas por la IA:** Las organizaciones deben dar prioridad a las herramientas que aprovechen la GenAI para mejorar la precisión y la adaptabilidad de las proyecciones financieras. Los modelos de previsión avanzados que incorporan datos en tiempo real pueden ayudar a los equipos financieros a identificar oportunidades y riesgos, lo que permite una planificación estratégica proactiva.
- **Fortalecimiento de los sistemas de detección de fraudes:** Al integrar GenAI en los marcos de detección de fraudes, las empresas pueden mejorar su capacidad para monitorear las transacciones en tiempo real, detectar patrones sospechosos y prevenir pérdidas financieras. Esto es particularmente crítico para proteger los datos de los clientes y mantener la confianza en los servicios financieros digitales.
- **Mejora de los informes con herramientas de NLP:** Las herramientas de procesamiento del lenguaje natural impulsadas por GenAI permiten que los informes financieros se traduzcan en información clara y procesable para diversas audiencias. La implementación de estas herramientas mejorará la comunicación entre los equipos y facilitará una toma de decisiones más rápida en todos los niveles de la organización.
- **Creación de equipos preparados para la IA:** La creación de equipos interdisciplinarios que incluyan científicos de datos, analistas financieros y especialistas en IA garantizará

una transición fluida a las operaciones habilitadas para la IA.
Estos equipos serán fundamentales para diseñar,
implementar y mantener sistemas de IA adaptados a las
necesidades únicas de la función financiera.

- **Priorizar las prácticas éticas de IA:** El desarrollo de
directrices claras para el uso ético de la GenIA en las finanzas
será esencial para mantener el cumplimiento normativo y la
confianza de las partes interesadas. Esto incluye implementar
la transparencia en los procesos de toma de decisiones de IA
y garantizar la rendición de cuentas en las actividades
financieras automatizadas.

Al centrarse en estas prioridades estratégicas, las funciones financieras
pueden desbloquear todo el potencial de la GenAI mientras navegan
por las complejidades de un panorama tecnológico en rápida
evolución. Estas acciones no solo mantendrán la competitividad, sino
que también posicionarán a los equipos financieros como impulsores
clave de la innovación y la creación de valor.

Conclusión

GenAI está revolucionando la función financiera, proporcionando
herramientas transformadoras que mejoran la eficiencia operativa,
mejoran la gestión de riesgos y permiten una toma de decisiones
avanzada. Al aprovechar la GenAI, los equipos financieros pueden ir
más allá de los procesos tradicionales que requieren mucha mano de
obra para adoptar soluciones automatizadas basadas en datos que
aumenten la precisión y la agilidad. Desde el análisis predictivo y la
detección de fraudes hasta los informes automatizados y los servicios
financieros personalizados, el potencial de GenAI para remodelar las
finanzas no tiene parangón.

Para aprovechar al máximo los beneficios de la GenIA, los líderes
financieros deben adoptar un pensamiento estratégico que priorice la
innovación y la adaptabilidad. Esto incluye mantenerse a la
vanguardia de las tecnologías emergentes, fomentar la colaboración
interdisciplinaria y garantizar que las herramientas de IA se alineen
con los objetivos de la organización. Dado el panorama regulatorio en
evolución, las organizaciones también deben incorporar prácticas
éticas en sus estrategias de IA para mantener la confianza y el
cumplimiento. Al abordar de manera proactiva los desafíos
potenciales, como los riesgos de seguridad de los datos y las

preocupaciones éticas, las empresas pueden crear una base sólida para la adopción sostenible de la IA.

La adaptabilidad es clave a medida que GenAI continúa redefiniendo las expectativas y capacidades de la función financiera. Las organizaciones deben fomentar una cultura de aprendizaje continuo, equipando a los equipos con las habilidades y conocimientos necesarios para aprovechar el potencial de la IA de manera efectiva. Al mismo tiempo, los líderes financieros deben seguir siendo flexibles en sus estrategias, listos para pivotar a medida que surjan nuevas tendencias y tecnologías. A través de una combinación de innovación, planificación estratégica y compromiso con las prácticas éticas, las empresas pueden posicionar sus funciones financieras a la vanguardia de la transformación digital, impulsando el éxito a largo plazo en un panorama cada vez más competitivo.

Conclusiones clave

1. **Potencial transformador de GenAI en finanzas**: GenAI está revolucionando las finanzas mediante la automatización de procesos, la mejora de los análisis predictivos y la transformación de la toma de decisiones. Su capacidad para procesar y analizar conjuntos de datos masivos con precisión proporciona información procesable que ayuda a las empresas a seguir siendo competitivas.
2. **Integración con los sistemas financieros existentes**: Las plataformas de GenAI se integran a la perfección con las herramientas financieras tradicionales, mejorando su funcionalidad. Al aprovechar la conectividad basada en API, las organizaciones pueden unir los sistemas heredados con soluciones modernas impulsadas por IA para crear un flujo de trabajo unificado.
3. **Evolución del conjunto de habilidades y empoderamiento de la fuerza laboral**: La adopción de GenAI exige nuevas habilidades técnicas y analíticas de los profesionales de las finanzas. Las iniciativas de capacitación y mejora de habilidades son fundamentales para capacitar a los equipos para que aprovechen estas herramientas avanzadas de manera efectiva.
4. **Consideraciones éticas y regulatorias**: A medida que GenAI se integra en las finanzas, las organizaciones deben priorizar la seguridad de los datos, la transparencia y el cumplimiento. El desarrollo de marcos de gobernanza

sólidos garantiza el uso ético y se alinea con los requisitos regulatorios en evolución.

5. **Tendencias emergentes y prioridades estratégicas**: El éxito a largo plazo con GenAI depende de mantenerse a la vanguardia de las tendencias emergentes, como el modelado de riesgos impulsado por IA, los servicios financieros hiperpersonalizados y el análisis habilitado para la computación cuántica. Las organizaciones deben priorizar la adaptabilidad, la innovación y la previsión ética para prosperar.

La integración de GenAI en las finanzas no es solo un avance tecnológico, es un cambio de paradigma que requiere una implementación reflexiva y una visión estratégica. Al priorizar la innovación, equipar a los equipos con las habilidades adecuadas y abordar los desafíos éticos y regulatorios de manera proactiva, los líderes financieros pueden desbloquear beneficios transformadores y posicionar a sus organizaciones para un éxito sostenido en un panorama digital en rápida evolución.

CAPÍTULO 10: OPERACIONES

Introducción a GenAI en Operaciones

Las operaciones sirven como la columna vertebral de cualquier organización, asegurando la ejecución fluida de procesos que brindan valor a los clientes. Desde la gestión de la cadena de suministro y la logística hasta la programación de la producción y el control de inventario, la función operativa es fundamental para lograr la eficiencia y la competitividad de la organización. Al optimizar los flujos de trabajo, administrar los recursos y garantizar la calidad, las operaciones desempeñan un papel fundamental en el mantenimiento de la rentabilidad y la satisfacción del cliente.

GenAI ha introducido capacidades sin precedentes en el ámbito de las operaciones, lo que permite a las organizaciones ir más allá de los métodos tradicionales de resolución de problemas y optimización. GenAI aprovecha algoritmos avanzados, modelos de aprendizaje automático e información basada en datos para analizar sistemas complejos, predecir tendencias y recomendar estrategias procesables. Con su capacidad para procesar grandes cantidades de datos en tiempo real, GenAI se encuentra en una posición única para abordar los intrincados desafíos de las operaciones modernas. Al incorporar análisis predictivos y automatización, permite a las organizaciones anticiparse a las interrupciones, optimizar los procesos y mantener la resiliencia operativa.

La relevancia de GenAI en las operaciones se subraya aún más por su potencial transformador en áreas como la optimización de la cadena de suministro, la gestión de inventarios y la previsión de la demanda. Los sistemas operativos tradicionales a menudo se basan en modelos estáticos, que pueden tener dificultades para adaptarse a las condiciones dinámicas del mercado. GenAI introduce adaptabilidad y precisión, lo que permite a las empresas responder a las fluctuaciones de la demanda, mejorar la asignación de recursos y reducir el desperdicio. Al integrar las soluciones de GenAI, las organizaciones pueden desbloquear nuevos niveles de eficiencia y agilidad, manteniéndose competitivas en un entorno cada vez más acelerado e impredecible.

A pesar de su potencial transformador, las operaciones se enfrentan a varios desafíos y brechas persistentes que GenAI puede abordar de manera efectiva. Uno de los principales desafíos es la falta de visibilidad en tiempo real en todas las cadenas de suministro, lo que dificulta la toma de decisiones y aumenta las vulnerabilidades a las interrupciones. Los sistemas de datos aislados limitan la colaboración e impiden un análisis exhaustivo, lo que lleva a una utilización de recursos subóptima. Los modelos de pronóstico tradicionales también tienen problemas de precisión en mercados volátiles, lo que resulta en desajustes entre la oferta y la demanda.

Otro desafío crítico radica en los procesos repetitivos y laboriosos, que agotan los recursos y reducen la eficiencia operativa. El manejo manual de tareas como la programación, el seguimiento de pedidos y el control de calidad no solo aumenta el riesgo de errores, sino que también limita la escalabilidad. Garantizar la sostenibilidad y minimizar el impacto ambiental se han convertido en preocupaciones apremiantes para las operaciones, ya que las organizaciones enfrentan una creciente presión para adoptar prácticas más ecológicas. GenAI ofrece soluciones innovadoras para abordar estas brechas, allanando el camino para estrategias operativas más inteligentes, resilientes y sostenibles.

Impacto transformacional

GenAI está remodelando las operaciones al revolucionar los métodos tradicionales de gestión de procesos y recursos. Con sus modelos avanzados de aprendizaje automático y capacidades de análisis de datos, GenAI permite a las organizaciones predecir y adaptarse a los cambios en tiempo real. La gestión de la cadena de suministro se beneficia significativamente de la capacidad de GenAI para simular interrupciones, optimizar la logística y agilizar la gestión del inventario. GenAI mejora la planificación de la producción identificando ineficiencias y proporcionando recomendaciones prácticas para mejorar el rendimiento y reducir los costos. Su integración en las operaciones fomenta la resiliencia y la escalabilidad, lo que lo convierte en una herramienta esencial para las empresas que buscan prosperar en mercados dinámicos.

GenAI también transforma la toma de decisiones dentro de las operaciones al proporcionar información más profunda y análisis predictivos. Al analizar datos históricos y en tiempo real, equipa a los gerentes con pronósticos precisos y análisis de escenarios, lo que permite estrategias proactivas en lugar de reactivas. Estas mejoras se extienden a la previsión de la demanda, la optimización de la fuerza laboral y la asignación de recursos. Al automatizar tareas repetitivas e identificar patrones que podrían pasar desapercibidos para los operadores humanos, GenAI permite a los líderes operativos centrarse en iniciativas estratégicas, impulsando la innovación y la ventaja competitiva.

Los cambios en los flujos de trabajo, la toma de decisiones y la dinámica del equipo son inevitables con la adopción de GenAI. Los flujos de trabajo lineales tradicionales se sustituyen por enfoques ágiles y basados en datos, lo que permite a los equipos adaptarse rápidamente a las demandas cambiantes. La toma de decisiones se vuelve cada vez más colaborativa, ya que las herramientas de GenAI proporcionan información completa que se puede compartir entre departamentos. Los equipos también experimentan un cambio en la dinámica, ya que el enfoque pasa de las operaciones manuales a la interpretación de los conocimientos generados por la IA y la toma de decisiones estratégicas. Esta evolución fomenta una cultura operativa más analítica y proactiva.

La adopción de GenAI conduce a un cambio notable en el enfoque y las prioridades dentro de las operaciones. Las organizaciones comienzan a priorizar la adaptabilidad en tiempo real, la sostenibilidad y las capacidades predictivas. La sostenibilidad se convierte en un enfoque clave, ya que GenAI facilita la optimización del uso de los recursos y la reducción de residuos. Las empresas también priorizan la mejora de las habilidades de los empleados y la colaboración interfuncional para aprovechar al máximo el potencial de las herramientas impulsadas por la IA.

GenAI ofrece numerosas oportunidades para revolucionar las operaciones. A continuación se presentan las cinco áreas principales donde su impacto es más profundo:

- **Gestión predictiva de la cadena de suministro**: GenAI permite a las organizaciones predecir las interrupciones de la cadena de suministro y mitigar los riesgos de forma proactiva. Mediante el análisis de grandes conjuntos de datos, identifica vulnerabilidades, prevé la demanda y recomienda ajustes en las estrategias de inventario y logística, lo que garantiza operaciones más fluidas y ahorros de costos.
- **Optimización dinámica de la fuerza laboral**: GenAI mejora la planificación de la fuerza laboral mediante el análisis de las necesidades operativas y la disponibilidad de los empleados en tiempo real. Esta capacidad mejora la programación, reduce los costos de mano de obra y garantiza que se asignen los recursos correctos en el momento adecuado.
- **Planificación inteligente de la producción**: Con su capacidad para analizar los datos de producción, GenAI optimiza los procesos de fabricación identificando cuellos de botella y recomendando mejoras en los procesos. Esto da como resultado una mayor eficiencia, un menor tiempo de inactividad y una mejor utilización de equipos y recursos.
- **Sostenibilidad y eficiencia de los recursos**: GenAI apoya las iniciativas de sostenibilidad mediante el análisis del uso de la energía, el consumo de materiales y la generación de residuos. Proporciona información procesable para minimizar el impacto ambiental y maximizar la eficiencia operativa.
- **Aseguramiento de la calidad mejorado**: Al aprovechar las capacidades de reconocimiento de imágenes y detección de anomalías, GenAI mejora los procesos de control de calidad. Identifica defectos e inconsistencias en tiempo real, lo que garantiza una mayor calidad del producto y reduce el costo de retrabajos o devoluciones.

El impacto transformador de GenAI en las operaciones es profundo y de gran alcance. Al permitir una toma de decisiones más inteligente, optimizar los flujos de trabajo y mejorar la adaptabilidad, GenAI equipa a las organizaciones con las herramientas necesarias para navegar por las complejidades de los entornos comerciales modernos. La integración de GenAI fomenta una cultura de innovación y colaboración, lo que permite a los equipos centrarse en las prioridades estratégicas y los objetivos a largo plazo. A medida que las organizaciones continúan adoptando estas tecnologías, desbloquean nuevas oportunidades de eficiencia, sostenibilidad y ventaja competitiva en sus operaciones.

Tecnologías y herramientas clave

Los modelos, plataformas y herramientas de GenAI están transformando las operaciones al permitir el análisis predictivo, la automatización y la optimización de procesos. Plataformas como los modelos GPT de OpenAI, Microsoft Azure AI y Google Cloud AI proporcionan marcos sólidos para aprovechar GenAI en diversos contextos operativos. Estas herramientas facilitan el mantenimiento predictivo, la optimización de la cadena de suministro y la gestión dinámica del flujo de trabajo. Las herramientas específicas del dominio, como IBM Maximo para la gestión de activos, y las plataformas emergentes adaptadas a las operaciones, ayudan a las organizaciones a integrar la IA sin problemas en sus flujos de trabajo, lo que permite una toma de decisiones avanzada y mejoras en los procesos.

La integración de GenAI con las tecnologías o sistemas existentes es esencial para maximizar su potencial dentro de las operaciones. Para garantizar una integración fluida, las organizaciones deben alinear las aplicaciones de GenAI con los sistemas de planificación de recursos empresariales (ERP), las herramientas de gestión de relaciones con los clientes (CRM) y los sistemas de ejecución de fabricación (MES). El acoplamiento de GenAI con plataformas ERP como SAP S/4HANA permite el análisis de datos y la toma de decisiones en tiempo real, lo que permite a las empresas optimizar la asignación de recursos y la previsión. Del mismo modo, la integración de GenAI en las plataformas MES mejora la planificación de la producción y el aseguramiento de la calidad al proporcionar información en tiempo real sobre los procesos de fabricación.

Un aspecto crítico de la integración es garantizar la interoperabilidad de los datos y la accesibilidad entre los sistemas. Las organizaciones deben adoptar formatos de datos y API estandarizados para permitir que las herramientas de GenAI procesen y analicen datos de manera efectiva. Las soluciones avanzadas de middleware y las herramientas de integración impulsadas por IA pueden agilizar este proceso, reduciendo las complejidades de la integración de sistemas dispares. Se deben implementar medidas de ciberseguridad, incluido un cifrado sólido y controles de acceso, para proteger los datos confidenciales y mantener el cumplimiento de las regulaciones.

Los avances tecnológicos están redefiniendo las prácticas operativas, con tendencias como la automatización y el análisis predictivo a la cabeza. Estas tendencias no solo agilizan los flujos de trabajo, sino que también mejoran la toma de decisiones y la utilización de recursos. A continuación se presentan las cinco principales tendencias que impulsan la innovación en las operaciones:

- **Análisis predictivo**: Mediante el análisis de datos históricos y en tiempo real, las herramientas de análisis predictivo pronostican la demanda, las necesidades de mantenimiento y las interrupciones de la cadena de suministro. Esta tendencia mejora la eficiencia operativa y minimiza los riesgos al permitir la planificación proactiva y la gestión de recursos.
- **Automatización de procesos**: La automatización impulsada por GenAI reduce el esfuerzo manual en tareas repetitivas como la gestión de inventario y el procesamiento de pedidos. Esta tendencia permite a los trabajadores humanos centrarse en actividades estratégicas, mejorando la productividad y reduciendo los errores.
- **Gemelos digitales**: La tecnología de gemelos digitales crea réplicas virtuales de activos o procesos físicos, lo que permite el seguimiento y la optimización en tiempo real. Esta tendencia apoya una mejor toma de decisiones al proporcionar una visión integral de las operaciones e identificar ineficiencias.
- **Monitoreo de la sostenibilidad**: Los modelos avanzados de GenAI permiten a las organizaciones realizar un seguimiento del consumo de energía, la generación de residuos y las emisiones de carbono. Esta tendencia impulsa las iniciativas de sostenibilidad al proporcionar información procesable para reducir el impacto ambiental y lograr el cumplimiento de las regulaciones.

- **Herramientas de colaboración inteligentes**: Las herramientas impulsadas por GenAI mejoran la colaboración en equipo al proporcionar intercambio de datos en tiempo real, asignación automatizada de tareas y gestión predictiva de la carga de trabajo. Estas herramientas fomentan una comunicación fluida y mejoran la eficiencia general del equipo.

Al aprovechar estas tendencias, las organizaciones pueden mantenerse a la vanguardia, impulsando la mejora continua y la innovación dentro de sus operaciones.

Desafíos y riesgos

GenAI presenta numerosas oportunidades en las operaciones, pero también plantea desafíos éticos únicos. Una preocupación importante es la seguridad de los datos, ya que las operaciones a menudo involucran información confidencial y patentada. La integración de GenAI en la cadena de suministro y los sistemas de gestión de recursos requiere un amplio intercambio de datos, lo que aumenta el riesgo de violaciones o accesos no autorizados. También surgen preocupaciones éticas con respecto al sesgo en los algoritmos de IA, particularmente en las aplicaciones de gestión de la fuerza laboral, donde los patrones discriminatorios en los datos podrían perpetuar las desigualdades. Garantizar la transparencia en los procesos de GenAI es otro desafío crítico, ya que las partes interesadas deben confiar en las capacidades de toma de decisiones de los sistemas de IA sin operaciones de "caja negra" opacas.

Otra dimensión ética tiene que ver con la sostenibilidad y el impacto ambiental. A medida que las herramientas de GenAI optimizan las operaciones, pueden priorizar inadvertidamente la eficiencia sobre la sostenibilidad, lo que puede conducir a prácticas perjudiciales para el medio ambiente. Las empresas deben lograr un equilibrio entre los objetivos operativos y las responsabilidades éticas, asegurándose de que las decisiones impulsadas por la GenIA se alineen con los valores sociales más amplios y los objetivos de sostenibilidad corporativa. Estos desafíos exigen mecanismos rigurosos de gobernanza, transparencia y rendición de cuentas para garantizar el uso ético en contextos operativos.

Los riesgos de uso indebido o dependencia de GenAI son significativos. Uno de los principales riesgos es la dependencia excesiva de los sistemas de IA para la toma de decisiones críticas. Si bien GenAI puede proporcionar información poderosa, la dependencia total de sus recomendaciones puede resultar en descuidos, especialmente cuando se trata de variables o eventos imprevistos. La supervisión humana sigue siendo esencial para validar los resultados de GenAI y proporcionar un juicio sensible al contexto. Otro riesgo es el uso indebido de los productos generados por la GenAI para prácticas manipuladoras o poco éticas, como el marketing engañoso o la vigilancia de los empleados. Sin controles estrictos, las aplicaciones de GenAI podrían convertirse en armas que perjudiquen a las partes interesadas o a la reputación de la organización.

La dependencia de la GenAI también puede provocar la erosión de las habilidades de los trabajadores humanos. A medida que los sistemas de IA automatizan procesos complejos, los empleados pueden perder la experiencia práctica necesaria para gestionar o solucionar problemas operativos manualmente. Este riesgo subraya la necesidad de una formación continua de los empleados para mantener un equilibrio entre la automatización de la IA y las capacidades humanas. La posibilidad de errores generados por la GenIA, como predicciones o decisiones incorrectas, podría amplificar los riesgos en las operaciones, lo que pone de manifiesto la importancia de contar con mecanismos de validación sólidos.

Para sortear estos desafíos y riesgos, las organizaciones necesitan marcos y directrices claros. Los siguientes son cinco enfoques para mitigar los riesgos asociados con GenAI en las operaciones:

- **Gobernanza de datos sólida**: establezca políticas de datos integrales para garantizar el manejo, el almacenamiento y el uso compartido seguros de información confidencial. Las auditorías periódicas y los protocolos de cifrado pueden minimizar los riesgos de violación de datos.
- **Sistemas human-in-the-loop**: Implemente mecanismos en los que los operadores humanos validen los resultados de GenAI, especialmente para decisiones de alto riesgo. Este enfoque garantiza que las recomendaciones de IA estén alineadas con los contextos del mundo real y los objetivos de la organización.
- **Comités éticos de IA**: Forme comités multifuncionales para supervisar las aplicaciones de GenAI, centrándose en la detección de sesgos, las consideraciones de sostenibilidad y el cumplimiento de los principios éticos en las operaciones.

- **Programas de formación continua:** Desarrollar iniciativas de formación continua para que los empleados mejoren sus conocimientos de IA y garanticen que conserven las habilidades operativas críticas. Esto evita la dependencia excesiva de los sistemas de IA y fomenta la colaboración entre humanos e IA.
- **Pruebas de escenarios y simulaciones de riesgos:** Realice pruebas de estrés periódicas de los modelos de GenAI para evaluar su rendimiento en condiciones extremas o inesperadas. La simulación de posibles fallos ayuda a las organizaciones a preparar planes de contingencia y a crear resiliencia.

Al adoptar estos marcos, las organizaciones pueden abordar de manera efectiva los desafíos y riesgos asociados con la integración de GenAI en las funciones operativas, asegurando su implementación responsable y beneficiosa.

Evolución del conjunto de habilidades

GenAI está remodelando los conjuntos de habilidades requeridas en los roles operativos, enfatizando la alfabetización de datos, la fluidez de la IA y la toma de decisiones estratégicas. Los profesionales de operaciones deben evolucionar de la ejecución de tareas rutinarias a la gestión y colaboración con sistemas avanzados de IA. Este cambio requiere una comprensión de cómo GenAI genera información, automatiza los flujos de trabajo y respalda la toma de decisiones predictivas, junto con la capacidad de evaluar críticamente los resultados generados por la IA. A medida que la GenAI se haga cargo de las tareas repetitivas, el papel humano se centrará cada vez más en la supervisión, la estrategia y la innovación.

Para prepararse para esta transición, las organizaciones deben priorizar la capacitación y la mejora de las habilidades. Los empleados necesitan formación en análisis de datos, herramientas de IA y optimización de procesos para colaborar eficazmente con los sistemas de GenAI. Los programas de formación deben centrarse en habilidades técnicas como la ciencia de datos y los conceptos básicos del aprendizaje automático, garantizando que los empleados puedan interactuar con las plataformas impulsadas por la IA. Igualmente importantes son las habilidades blandas, como la resolución de problemas y la adaptabilidad, que permiten a los trabajadores navegar por las complejidades de las operaciones impulsadas por la GenIA.

Los programas de capacitación estructurados, tanto internos como externos, cerrarán las brechas de habilidades y prepararán a la fuerza laboral para el panorama cambiante.

La mejora de las competencias también implica fomentar una mentalidad de aprendizaje continuo. Dado el rápido ritmo de los avances de la IA, los profesionales deben mantenerse actualizados sobre las últimas aplicaciones y tendencias de GenAI. El liderazgo debe fomentar una cultura de curiosidad y experimentación, permitiendo a los empleados explorar nuevas herramientas y metodologías. Los programas de certificación, los talleres y la capacitación práctica en los sistemas GenAI mejorarán la preparación de la fuerza laboral y permitirán a los empleados aprovechar la IA para la eficiencia operativa. La tutoría y el aprendizaje entre pares pueden crear un entorno de apoyo para el desarrollo de habilidades, ayudando a los equipos a adaptarse a las nuevas tecnologías de forma colaborativa.

La integración de GenAI en las operaciones está allanando el camino para nuevos roles que combinan la experiencia técnica con la visión operativa. Estas funciones son fundamentales para maximizar los beneficios de la GenAI y, al mismo tiempo, garantizar un uso ético y eficiente. Estos son los cinco principales roles emergentes:

- **Especialista en operaciones de IA**: Se centra en la integración y el mantenimiento de los sistemas GenAI dentro de los flujos de trabajo operativos. Esta función requiere experiencia en herramientas de IA y la capacidad de personalizar los sistemas para satisfacer las necesidades específicas de la organización, lo que garantiza una integración y una eficiencia perfectas.
- **Predictive Analytics Manager**: Aprovecha GenAI para analizar datos operativos y pronosticar tendencias. Esta función implica el uso de información generada por IA para guiar la toma de decisiones, optimizar los recursos e identificar riesgos potenciales, lo que garantiza estrategias proactivas y basadas en datos.
- **Estratega de automatización**: Desarrolla e implementa iniciativas de automatización impulsadas por IA para optimizar los procesos operativos. Este puesto combina un profundo conocimiento de los flujos de trabajo con experiencia técnica para identificar oportunidades de automatización y medir su impacto.

- **Coordinador de IA Ética:** Supervisa el uso ético de la IA en las operaciones, asegurando el cumplimiento de los valores organizacionales y los estándares regulatorios. Esta función implica supervisar los sistemas de IA para determinar el sesgo, la sostenibilidad y la transparencia, fomentando la confianza entre las partes interesadas.
- **Analista de la cadena de suministro mejorado con IA:** Utiliza GenAI para optimizar las operaciones de la cadena de suministro, desde la gestión del inventario hasta la logística. Esta función se centra en mejorar la eficiencia y la capacidad de respuesta mediante el análisis de conjuntos de datos complejos y la generación de información procesable.

Estos roles destacan el potencial transformador de GenAI en las operaciones y subrayan la importancia de desarrollar una fuerza laboral que pueda adaptarse y prosperar en un entorno impulsado por la IA. Al invertir en el desarrollo de habilidades y adoptar nuevas trayectorias profesionales, las organizaciones pueden posicionarse a la vanguardia de la innovación operativa.

Tendencias emergentes

El impacto a largo plazo de GenAI en las operaciones será transformador, remodelando la forma en que las organizaciones gestionan los recursos, optimizan los procesos e impulsan la innovación. Las capacidades de GenAI en análisis predictivo, automatización y toma de decisiones permitirán niveles sin precedentes de eficiencia y agilidad. En el futuro, las operaciones se basarán cada vez más en los datos, con la IA en el centro de los marcos de toma de decisiones. Este cambio posicionará a las organizaciones para que respondan mejor a las demandas del mercado, sean más resilientes a las disrupciones y estén alineadas con los objetivos de sostenibilidad.

Las tendencias emergentes en GenAI para operaciones destacan su papel cada vez más importante en la mejora de la eficiencia y el desbloqueo de nuevas oportunidades. Una tendencia importante es la adopción de análisis predictivos y prescriptivos impulsados por GenAI. Estos análisis permiten a las organizaciones anticiparse a los desafíos, identificar oportunidades y diseñar estrategias proactivas. Otra tendencia clave es el aumento de las operaciones autónomas, en las que los sistemas de IA se encargan de las tareas con una mínima intervención humana, lo que mejora la velocidad y reduce los errores.

La sostenibilidad impulsada por la IA también está ganando protagonismo, con GenAI optimizando el uso de recursos y minimizando el impacto medioambiental. La integración de gemelos digitales, réplicas virtuales de sistemas físicos, permite la simulación y el análisis en tiempo real, lo que impulsa una toma de decisiones más informada. El énfasis en la IA ética garantiza que los sistemas operativos sean transparentes, justos y cumplan con las regulaciones, lo que genera confianza entre las partes interesadas.

Para seguir siendo competitivas, las organizaciones deben priorizar las iniciativas estratégicas que se alineen con estas tendencias emergentes. Un enfoque claro en la innovación, la adaptabilidad y las consideraciones éticas será crucial para aprovechar el potencial de GenAI de manera efectiva.

- **Invertir en automatización de procesos impulsada por IA**: Las organizaciones deben identificar las tareas repetitivas que consumen mucho tiempo e implementar soluciones de automatización impulsadas por GenAI. Esto reduce los costos operativos, minimiza el error humano y permite a los empleados concentrarse en actividades de mayor valor.
- **Mejora de las capacidades predictivas**: Aprovechar GenAI para el análisis predictivo permite a las organizaciones anticiparse a los cambios del mercado, optimizar el inventario y prevenir interrupciones. Invertir en herramientas avanzadas de modelado de datos garantiza información precisa y procesable.
- **Construcción de un marco de operaciones sostenibles**: Con un énfasis cada vez mayor en la sostenibilidad, GenAI puede ayudar a optimizar el uso de recursos, reducir los residuos y monitorear las huellas de carbono. Alinear las estrategias operativas con los objetivos de sostenibilidad mejora la reputación y el cumplimiento de la organización.
- **Desarrollo de políticas éticas de IA**: El establecimiento de directrices para el uso transparente y responsable de la GenAI garantiza el cumplimiento de la normativa y fomenta la confianza de las partes interesadas. Las auditorías periódicas y los programas de formación refuerzan el uso ético de las tecnologías de IA.
- **Fomentar una cultura de innovación continua**: Fomentar la experimentación y la colaboración interfuncional permite a las organizaciones adaptarse a los avances tecnológicos. La actualización periódica de los conjuntos de habilidades y la

adopción de herramientas emergentes de IA garantizan la competitividad a largo plazo.

Al abordar estas prioridades, las organizaciones pueden aprovechar GenAI para transformar sus operaciones en funciones ágiles, innovadoras y resilientes, listas para satisfacer las demandas de un entorno empresarial dinámico.

Conclusión

GenAI se ha convertido en una fuerza transformadora en las operaciones, ofreciendo oportunidades sin precedentes para la eficiencia, la innovación y la ventaja estratégica. Al aprovechar sus capacidades, las organizaciones pueden optimizar los procesos, mejorar la toma de decisiones y responder dinámicamente a las demandas del mercado. Desde el análisis predictivo hasta los sistemas autónomos, la integración de GenAI está preparada para redefinir cómo funcionan las operaciones tanto en las industrias tradicionales como en las futuras, garantizando una mayor agilidad, sostenibilidad y rentabilidad.

Para aprovechar al máximo el potencial de la GenAI, las organizaciones deben adoptar un enfoque con visión de futuro que priorice la planificación estratégica y la adaptabilidad. Esto incluye fomentar una cultura que abrace la innovación, apoyar la mejora de las habilidades de los equipos para navegar por las herramientas impulsadas por la IA y alinear los objetivos operativos con las estrategias comerciales a largo plazo. La capacidad de adaptarse rápidamente a las nuevas tecnologías e integrarlas sin problemas en los flujos de trabajo existentes será un diferenciador crítico para las organizaciones que buscan mantener una ventaja competitiva en un panorama de mercado en rápida evolución.

El pensamiento estratégico debe extenderse para abordar las implicaciones éticas, legales y sociales de la implementación de GenAI en las operaciones. Garantizar la transparencia, la equidad y la rendición de cuentas en los sistemas de IA no solo generará confianza entre las partes interesadas, sino que también garantizará el cumplimiento de los marcos regulatorios. Al equilibrar la ambición tecnológica con una gobernanza reflexiva, las organizaciones pueden desbloquear todo el potencial de GenAI y minimizar los riesgos. A medida que las operaciones evolucionan hacia una función más basada en datos e impulsada por la IA, aquellos que planifiquen estratégicamente y se adapten con agilidad liderarán el camino hacia una era transformadora de excelencia operativa.

Conclusiones clave

1. **Potencial transformador de GenAI:** GenAI está revolucionando las operaciones mediante la automatización de los flujos de trabajo, la mejora de las capacidades predictivas y la optimización de las cadenas de suministro, impulsando así la eficiencia y la agilidad en entornos empresariales dinámicos.

2. **Integración de las tecnologías GenAI:** La integración perfecta con los sistemas existentes garantiza la máxima utilidad de las herramientas GenAI, lo que permite el análisis de datos en tiempo real, el mantenimiento predictivo y la mejora de la toma de decisiones en todas las funciones operativas.

3. **Abordar los desafíos y los riesgos:** Las consideraciones éticas, la privacidad de los datos y los riesgos de dependencia necesitan estrategias de mitigación estructuradas para fomentar la confianza y garantizar el cumplimiento, al tiempo que se aprovecha GenAI de manera efectiva.

4. **Evolución de las habilidades en las operaciones:** La adopción de GenAI está remodelando los roles de la fuerza laboral, haciendo hincapié en la mejora de las habilidades en la alfabetización en IA y creando nuevas trayectorias profesionales como Especialista en Operaciones de IA y Gerente de Análisis Predictivo.

5. **Enfoque estratégico para la sostenibilidad:** El éxito a largo plazo requiere que las organizaciones prioricen la gobernanza ética, el aprendizaje continuo y la adaptación ágil para seguir siendo competitivas en un panorama operativo impulsado por la IA.

La integración de GenAI en las operaciones ya no es una opción, sino una necesidad para las organizaciones que se esfuerzan por alcanzar la excelencia y la sostenibilidad en un mercado acelerado. Al adoptar la innovación, abordar los riesgos de frente y fomentar una fuerza laboral preparada para los desafíos y oportunidades de la IA, las empresas pueden desbloquear eficiencias transformadoras. Las organizaciones que tomen medidas proactivas hoy estarán mejor posicionadas para navegar por las complejidades de las demandas operativas del mañana.

CAPÍTULO 11: ABASTECIMIENTO Y ADQUISICIÓN

Introducción a GenAI en Abastecimiento y Compras

El abastecimiento y las adquisiciones son componentes críticos del éxito de la organización, ya que funcionan como la columna vertebral de las cadenas de suministro y garantizan que las empresas adquieran los bienes y servicios que necesitan para operar de manera eficiente. Esta función no solo se centra en la reducción de costes, sino que también hace hincapié en la gestión de las relaciones con los proveedores, el cumplimiento y la sostenibilidad. Las estrategias de adquisición eficaces desempeñan un papel fundamental en la mitigación de riesgos, la optimización de los recursos y la entrega de valor estratégico en un mercado cada vez más complejo y globalizado.

Rick Abbott

GenAI está revolucionando el abastecimiento y las adquisiciones al mejorar la eficiencia, la precisión y la toma de decisiones. Su capacidad para procesar y analizar grandes cantidades de datos en tiempo real permite a los equipos de compras descubrir patrones, pronosticar tendencias y tomar decisiones proactivas. GenAI puede analizar las condiciones del mercado global, las métricas de rendimiento de los proveedores y los datos históricos de compras para recomendar proveedores, predecir la demanda u optimizar las estrategias de compra. Esta tecnología también impulsa la automatización, lo que permite a los profesionales de compras cambiar su enfoque de las tareas rutinarias que consumen mucho tiempo a iniciativas estratégicas como la optimización de costos y la colaboración con proveedores. Al aprovechar la GenAI, las organizaciones pueden lograr una mayor agilidad y resiliencia en sus cadenas de suministro.

La relevancia de GenAI en el abastecimiento y las adquisiciones va más allá de las mejoras operativas. En una era de crecientes interrupciones de la cadena de suministro, crecientes demandas regulatorias y la necesidad de alinearse con los objetivos ambientales, sociales y de gobernanza (ESG), los equipos de compras deben adaptarse a los desafíos cambiantes. GenAI facilita esta adaptación al proporcionar información en tiempo real, automatizar los procesos de cumplimiento y respaldar los objetivos de sostenibilidad. Con GenAI como herramienta, las compras pueden convertirse en un motor proactivo y estratégico de innovación y creación de valor dentro de una organización.

A pesar de su potencial transformador, el abastecimiento y las adquisiciones se enfrentan a varios desafíos que obstaculizan su eficiencia e impacto estratégico. Entre ellas se encuentran las dificultades en la detección de proveedores, la previsión inexacta de la demanda y las complejidades del cumplimiento normativo. La creciente necesidad de equilibrar la rentabilidad con la sostenibilidad y las prácticas éticas agrava aún más estos desafíos. Los enfoques y herramientas tradicionales a menudo se quedan cortos para abordar estos problemas, lo que deja brechas en la toma de decisiones, la eficiencia operativa y la gestión de riesgos. GenAI ofrece un camino a seguir, permitiendo a los equipos de compras superar estas barreras y liberar todo su potencial como una función comercial estratégica.

Impacto transformacional

GenAI está transformando fundamentalmente la función de abastecimiento y adquisiciones mediante la automatización de procesos, la mejora de la toma de decisiones y la habilitación de iniciativas estratégicas. Elimina las ineficiencias en la identificación de proveedores, la gestión de contratos y la previsión de la demanda mediante el análisis de grandes conjuntos de datos y la generación de información procesable. GenAI puede identificar proveedores potenciales en función de criterios como la rentabilidad, el cumplimiento de ESG y la proximidad geográfica, lo que reduce el tiempo y mejora las relaciones con los proveedores. Al simular varios escenarios y condiciones de mercado, proporciona a las organizaciones información predictiva que permite una mejor preparación para las interrupciones de la cadena de suministro.

Más allá de las mejoras operativas, GenAI empodera a los profesionales de compras para que adopten un papel más estratégico dentro de las organizaciones. La tecnología permite estrategias de negociación más efectivas al proporcionar información en tiempo real sobre las tendencias de precios, el comportamiento de los proveedores y las condiciones del mercado. Esto fomenta las decisiones de adquisición basadas en el valor que van más allá del ahorro de costes para considerar los beneficios a largo plazo, como la sostenibilidad y la mitigación de riesgos. Al automatizar tareas rutinarias como la entrada de datos y el procesamiento de facturas, GenAI libera a los profesionales para que se centren en la colaboración con los proveedores, la innovación y la gobernanza.

La adopción de GenAI en las compras también introduce cambios significativos en los flujos de trabajo, la toma de decisiones y la dinámica de los equipos. Los equipos aprovechan cada vez más las herramientas impulsadas por la IA para tomar decisiones basadas en datos, mejorando la colaboración y reduciendo los silos entre departamentos como finanzas, operaciones y compras. Los paneles de control impulsados por IA proporcionan visualización de datos en tiempo real, lo que permite a los equipos multifuncionales identificar riesgos y oportunidades de manera más efectiva. Como resultado, los equipos de compras pueden alinear sus esfuerzos con objetivos organizacionales más amplios, como lograr la optimización de costos mientras se adhieren a los objetivos de sostenibilidad.

Rick Abbott

El cambio de enfoque debido a la adopción de GenAI es evidente en las prioridades de los equipos de compras. En lugar de concentrarse en la reducción de costos como único objetivo, ahora pueden priorizar la competencia de los proveedores y el cumplimiento de las prácticas éticas de abastecimiento. Este cambio refleja el creciente reconocimiento de las compras como un facilitador estratégico de la resiliencia y la sostenibilidad de la organización.

- **Selección y gestión inteligente de proveedores:** GenAI mejora la selección de proveedores mediante el análisis de datos de proveedores, como registros de cumplimiento, métricas de rendimiento y tendencias del mercado, lo que permite a los equipos de compras elegir a los mejores socios. También ayuda en el monitoreo continuo del desempeño de los proveedores, reduciendo los riesgos y fomentando relaciones más sólidas.
- **Previsión dinámica de la demanda:** Utilizando datos históricos y condiciones del mercado, GenAI genera previsiones precisas de la demanda, lo que reduce los problemas de exceso y falta de existencias. Esto garantiza una mejor asignación de recursos y minimiza el desperdicio, mejorando la eficiencia general de la cadena de suministro.
- **Optimización** de contratos: GenAI automatiza el análisis de contratos y destaca los posibles riesgos, inconsistencias u oportunidades de renegociación. Al optimizar la gestion de contratos, las organizaciones pueden lograr un mejor cumplimiento y condiciones mas favorables con los proveedores.
- **Estrategias de abastecimiento sostenible:** GenAI identifica oportunidades para un abastecimiento más ecológico analizando los impactos ambientales y sugiriendo proveedores que se alineen con los objetivos de sostenibilidad. Esto ayuda a las organizaciones a cumplir con los requisitos regulatorios y mejorar su reputación corporativa.
- **Gestión automatizada de riesgos:** Al monitorear los eventos geopolíticos, la volatilidad del mercado y el desempeño de los proveedores en tiempo real, GenAI identifica los riesgos potenciales en la cadena de suministro. Este enfoque proactivo permite a los equipos de compras mitigar las interrupciones antes de que afecten a las operaciones.

GenAI no solo está automatizando los procesos de adquisición tradicionales, sino que también está remodelando la función para convertirla en un pilar estratégico de la organización. Al proporcionar análisis avanzados, optimizar los flujos de trabajo y fomentar la colaboración interfuncional, GenAI permite a los equipos de compras generar valor más allá del ahorro de costos. Su papel en la promoción de la sostenibilidad, la gestión de riesgos y la mejora de la toma de decisiones posiciona al abastecimiento y las adquisiciones como un contribuyente clave para el éxito de la organización en un panorama global cada vez más complejo.

Tecnologías y herramientas clave

GenAI ha introducido un conjunto de modelos, plataformas y herramientas avanzadas que pueden revolucionar el abastecimiento y las adquisiciones. Tecnologías como las redes generativas adversarias (GAN), el procesamiento del lenguaje natural (NLP) y los modelos de aprendizaje automático se utilizan para analizar el rendimiento de los proveedores, optimizar los procesos de adquisición y automatizar las negociaciones de contratos. Plataformas como SAP Ariba, Coupa y soluciones personalizadas impulsadas por IA proporcionan funcionalidades de compras de extremo a extremo, al tiempo que integran funciones de GenAI para mejorar la eficiencia y la toma de decisiones. Herramientas como los generadores automatizados de RFP y las plataformas de análisis de gastos impulsadas por IA están permitiendo a las organizaciones optimizar sus estrategias de abastecimiento y reducir costos.

Para maximizar los beneficios de GenAI, las organizaciones necesitan integrar sin problemas estas tecnologías con sus sistemas empresariales existentes. Los sistemas de planificación de recursos empresariales (ERP), como Oracle NetSuite o SAP S/4HANA, pueden mejorarse incorporando capacidades de GenAI para automatizar los flujos de trabajo, desde la generación de órdenes de compra hasta la evaluación de riesgos de los proveedores. La integración de las herramientas de GenAI con los sistemas CRM permite a los equipos de compras comprender mejor los patrones de demanda de los clientes, lo que permite tomar decisiones de adquisición más precisas.

La interoperabilidad es otra consideración crítica para el éxito de la integración. Los modelos de GenAI deben comunicarse de manera efectiva con sistemas heredados y plataformas de terceros a través de

API y middleware. La integración de GenAI con el software de gestión de inventario puede proporcionar información en tiempo real sobre los niveles de existencias, lo que garantiza la alineación entre las compras y las operaciones. Este enfoque interconectado crea un ecosistema de compras basado en datos que minimiza los retrasos y los errores, al tiempo que mejora la eficiencia general.

GenAI está a la vanguardia de numerosas tendencias técnicas que están remodelando el abastecimiento y las adquisiciones. Estas tendencias están permitiendo a las organizaciones adoptar prácticas más inteligentes, eficientes y sostenibles, lo que garantiza la competitividad en un panorama en rápida evolución.

- **Análisis de gastos impulsado por IA:** las herramientas de IA analizan los datos históricos de gastos, identificando patrones y oportunidades de ahorro de costes. Al categorizar los gastos y señalar las ineficiencias, estas herramientas ayudan a los equipos de compras a optimizar los presupuestos y asignar los recursos de forma eficaz.
- **Blockchain para la transparencia de la cadena de suministro:** La integración de blockchain con GenAI permite registros inmutables de las transacciones y las actividades de los proveedores, lo que mejora la confianza y la responsabilidad. Los equipos de compras pueden utilizar esta tecnología para garantizar el cumplimiento de las normas éticas y de sostenibilidad.
- **Análisis predictivo para la previsión de la demanda:** Al aprovechar la GenAI, las herramientas de análisis predictivo pueden anticipar las necesidades futuras de adquisición en función de los datos históricos y las tendencias del mercado. Esto reduce el desperdicio, evita el desabastecimiento y alinea las estrategias de adquisición con los objetivos empresariales.
- **Automatización robótica de procesos (RPA):** La RPA combinada con GenAI automatiza tareas repetitivas como el procesamiento de facturas, la creación de órdenes de compra y las renovaciones de contratos. Esto reduce el error humano y libera a los profesionales de compras para que se centren en iniciativas estratégicas.
- **Modelos de IA impulsados por la sostenibilidad:** Las herramientas avanzadas de GenAI evalúan el cumplimiento de los criterios ESG (ambientales, sociales y de gobernanza) de los proveedores y recomiendan opciones de abastecimiento sostenible. Esta tendencia está ganando terreno a medida que las organizaciones priorizan las

estrategias de compras ecológicas para cumplir con las expectativas regulatorias y sociales.

Al aprovechar estas tecnologías y tendencias, las funciones de abastecimiento y adquisición pueden alcanzar niveles sin precedentes de eficiencia, sostenibilidad e impacto estratégico.

Desafíos y riesgos

Los desafíos éticos en el abastecimiento y la adquisición se han vuelto más complejos con la introducción de las tecnologías GenAI. Una cuestión ética importante es la posibilidad de sesgos incrustados en los algoritmos de GenAI. Los modelos de IA a menudo se basan en datos históricos de compras, que pueden reflejar desigualdades sistémicas o prácticas de abastecimiento poco éticas. Si no se controla, esto podría perpetuar la selección injusta de proveedores o reforzar la discriminación en la contratación. El uso de GenAI en las evaluaciones de proveedores debe garantizar la equidad y la transparencia. Los proveedores podrían verse perjudicados si los procesos de toma de decisiones de IA patentados son opacos o carecen de una rendición de cuentas clara.

Otra preocupación ética gira en torno a la seguridad y privacidad de los datos. Los sistemas de GenAI procesan grandes cantidades de datos confidenciales de proveedores y organizaciones, lo que aumenta el riesgo de violaciones o uso indebido. El acceso no autorizado a los datos de compras podría exponer información crítica, como modelos de precios o relaciones con proveedores, lo que provocaría daños financieros y de reputación. Las organizaciones deben navegar cuidadosamente por el equilibrio entre el aprovechamiento de los datos para el abastecimiento estratégico y la salvaguarda de la privacidad de todas las partes interesadas involucradas.

Los riesgos asociados con el uso indebido o la dependencia excesiva de la GenAI también son considerables. Una dependencia excesiva de las recomendaciones impulsadas por la IA puede erosionar la supervisión humana necesaria para tomar decisiones matizadas y conscientes del contexto. La puntuación automatizada de proveedores podría pasar por alto factores cualitativos como las capacidades de innovación de los proveedores o el historial de relaciones, lo que daría lugar a opciones de adquisición subóptimas. La implementación de GenAI sin procesos de validación sólidos puede dar lugar a predicciones incorrectas o estrategias de adquisición defectuosas, lo que en última instancia repercute en los resultados de la organización.

Los riesgos de dependencia también se extienden a las posibles interrupciones en los sistemas de GenAI. Si las operaciones de adquisición dependen en gran medida de herramientas impulsadas por IA, cualquier mal funcionamiento técnico o ciberataque podría interrumpir las cadenas de suministro y los flujos de trabajo operativos. Esto subraya la necesidad de planes de contingencia y un enfoque equilibrado que integre el juicio humano con las capacidades de la IA.

Para hacer frente a estos desafíos y riesgos, las organizaciones deben adoptar marcos y directrices integrales. Estos deben centrarse en minimizar los dilemas éticos y las vulnerabilidades operativas, garantizando al mismo tiempo un uso responsable de la GenAI. A continuación se presentan los cinco enfoques principales para mitigar los riesgos en el abastecimiento y la adquisición:

- **Estrategias de mitigación de sesgos:** implemente rigurosos protocolos de prueba y validación para identificar y corregir sesgos en los algoritmos de IA. Esto incluye la diversificación de los datos de capacitación y el establecimiento de pautas claras para la equidad en la evaluación de los proveedores.
- **Protocolos de seguridad de datos sólidos:** desarrolle sistemas avanzados de cifrado, controles de acceso y supervisión para salvaguardar los datos confidenciales de las adquisiciones contra el acceso no autorizado o las amenazas cibernéticas. Las auditorías periódicas y el cumplimiento de las leyes de privacidad de datos también son esenciales.
- **Integración de la supervisión humana:** Mantenga un enfoque "humano en el bucle", en el que los profesionales de compras revisan y validan las recomendaciones impulsadas por la IA para garantizar que las decisiones se alineen con los valores y objetivos de la organización.
- **Pruebas de fiabilidad de IA:** supervise y valide continuamente los sistemas GenAI para garantizar su precisión, fiabilidad y escalabilidad. Las pruebas de estrés de los modelos de IA en diversos escenarios pueden ayudar a identificar vulnerabilidades y mejorar la resiliencia.
- **Marcos de gobernanza ética:** Establecer comités de gobernanza para supervisar la implementación de la IA y garantizar el cumplimiento de las normas éticas. Estos

comités deben incluir partes interesadas multifuncionales para promover la transparencia y la rendición de cuentas.

Al abordar de manera proactiva estos desafíos y riesgos, las organizaciones pueden aprovechar el poder transformador de GenAI en el abastecimiento y las adquisiciones, al tiempo que se protegen contra posibles dificultades.

Evolución del conjunto de habilidades

La integración de GenAI en el abastecimiento y las adquisiciones altera fundamentalmente los requisitos de habilidades para los profesionales en este campo. Las competencias tradicionales, como la negociación de contratos y la gestión de las relaciones con los proveedores, ahora deben complementarse con conocimientos técnicos y analíticos. Los profesionales deben comprender cómo funcionan las herramientas de GenAI, interpretar los conocimientos impulsados por la IA y tomar decisiones informadas que combinen las recomendaciones de la IA con el juicio humano. Este cambio exige una comprensión más profunda del análisis de datos, los modelos de aprendizaje automático y la ética de la IA para navegar eficazmente por las complejidades de los flujos de trabajo habilitados para GenAI.

Para satisfacer estas nuevas demandas, las iniciativas de formación y mejora de las competencias son esenciales. Las organizaciones deben invertir en programas de formación integrales para equipar a los equipos de compras con conocimientos básicos sobre la IA y sus aplicaciones en el abastecimiento. Estos programas deben cubrir temas esenciales como la alfabetización de datos, la transparencia algorítmica y las consideraciones éticas. La formación en análisis predictivo puede ayudar a los profesionales a aprovechar GenAI para la previsión de la demanda, mientras que los talleres sobre gobernanza de la IA pueden garantizar el uso responsable de la tecnología. La mejora de las competencias también debe centrarse en fomentar la colaboración interfuncional, ya que los profesionales de abastecimiento necesitan cada vez más trabajar en estrecha colaboración con los científicos de datos y los equipos de TI para implementar y optimizar soluciones impulsadas por la IA.

La educación continua es crucial para mantenerse al día con los rápidos avances en la tecnología GenAI. Ofrecer certificaciones, cursos en línea y experiencia práctica con herramientas de IA puede ayudar a los equipos de compras a mantenerse a la vanguardia. Las organizaciones también deben fomentar una cultura de aprendizaje permanente, en la que los profesionales estén motivados para explorar las tendencias emergentes y experimentar con nuevas tecnologías. Al incorporar la formación y la mejora de las habilidades en sus estrategias de desarrollo del talento, las empresas pueden asegurarse de que sus equipos de compras estén bien preparados para prosperar en un entorno impulsado por la IA.

A medida que GenAI remodela el abastecimiento y las adquisiciones, están surgiendo varios roles y trayectorias profesionales nuevas, lo que crea oportunidades para que los profesionales se especialicen en los procesos de adquisición habilitados por IA. A continuación se muestran los cinco nuevos roles principales:

- **Especialista en adquisiciones de IA:** este puesto se centra en la integración de las herramientas de GenAI en los flujos de trabajo de compras. Los especialistas identifican las plataformas de IA adecuadas, entrenan modelos con datos relevantes y garantizan una adopción fluida en todos los equipos.
- **Oficial de Cumplimiento Ético de IA:** Responsables de supervisar el uso ético de GenAI en las adquisiciones, estos profesionales desarrollan y aplican pautas para mitigar sesgos, proteger la privacidad de los datos y garantizar el cumplimiento normativo.
- **Analista de datos de compras:** Combinando experiencia en adquisiciones y análisis de datos, estos profesionales analizan grandes conjuntos de datos para descubrir información procesable, mejorar el rendimiento de los proveedores y optimizar las estrategias de abastecimiento.
- **Gerente de Relaciones con Proveedores de IA:** Este rol combina las habilidades tradicionales de gestión de proveedores con la experiencia de GenAI. Los gerentes utilizan los conocimientos impulsados por la IA para mejorar las evaluaciones de los proveedores, negociar contratos y fomentar asociaciones más sólidas.
- **Consultor de optimización de costos impulsado por IA:** estos profesionales se especializan en aprovechar GenAI para identificar oportunidades de ahorro de costos en toda la cadena de suministro. Utilizan análisis predictivos y modelado de escenarios para asesorar sobre estrategias de adquisición eficientes.

Al adoptar estos roles y fomentar las habilidades necesarias, las organizaciones pueden desbloquear todo el potencial de GenAI en el abastecimiento y la adquisición, impulsando la innovación y la excelencia operativa.

Tendencias emergentes

El impacto a largo plazo de GenAI en el abastecimiento y las adquisiciones está a punto de ser transformador. A medida que las herramientas de GenAI se vuelvan más sofisticadas, redefinirán la forma en que las organizaciones gestionan las relaciones con los proveedores, pronostican la demanda y optimizan sus cadenas de suministro. La función está pasando de la toma de decisiones reactiva a estrategias proactivas impulsadas por información en tiempo real y análisis predictivos. Esta evolución posiciona a GenAI como una herramienta indispensable para lograr eficiencia, ahorro de costos e innovación en los procesos de compras.

Varias tendencias emergentes están dando forma a la adopción e integración de GenAI en el abastecimiento y la adquisición. En primer lugar, existe una dependencia cada vez mayor de la analítica predictiva para anticipar las fluctuaciones del mercado y los riesgos de los proveedores, lo que permite a las organizaciones adelantarse a las interrupciones. En segundo lugar, la automatización impulsada por la GenAI está transformando las actividades rutinarias de adquisición, como la creación de órdenes de compra y la conciliación de facturas, lo que permite a los equipos centrarse en iniciativas estratégicas. El aumento de las prácticas de adquisición sostenibles está siendo respaldado por las herramientas de GenAI que analizan el impacto ambiental e identifican alternativas más ecológicas. La interacción personalizada con los proveedores, impulsada por la IA, está fomentando colaboraciones más sólidas y soluciones personalizadas. Por último, a medida que la seguridad de los datos y las preocupaciones éticas ganan importancia, las organizaciones están adoptando marcos de gobernanza de la IA para garantizar un uso responsable y transparente de la tecnología.

Para seguir siendo competitivas, las organizaciones deben priorizar las iniciativas estratégicas que se alineen con estas tendencias. A continuación se presentan las cinco principales prioridades estratégicas:

- **Invertir en análisis predictivos impulsados por IA:** Las organizaciones deben priorizar las inversiones en plataformas de análisis predictivo que proporcionen información procesable sobre las tendencias del mercado y el rendimiento de los proveedores. Estas herramientas ayudan a anticiparse a las interrupciones y a optimizar la toma de decisiones.

- **Automatizar los procesos rutinarios:** Aprovechar GenAI para automatizar tareas repetitivas, como la selección de proveedores y la gestión de contratos, permite a los equipos de compras asignar recursos a actividades más estratégicas, lo que aumenta la eficiencia general.

- **Mejorar la colaboración con los proveedores:** Las herramientas de GenAI permiten un compromiso personalizado con los proveedores mediante el análisis de datos históricos y la dinámica del mercado. Esto fomenta asociaciones más sólidas y garantiza soluciones personalizadas que se alinean con los objetivos de la organización.

- **Adoptar prácticas de adquisición sostenibles:** Las organizaciones deben utilizar GenAI para evaluar el impacto medioambiental de las decisiones de abastecimiento, lo que permite operaciones de la cadena de suministro más sostenibles. Esto no solo cumple con los requisitos reglamentarios, sino que también mejora la responsabilidad social corporativa.

- **Implementar una gobernanza sólida de la IA:** Establecer directrices claras y marcos éticos para el uso de la GenIA en las adquisiciones garantiza el cumplimiento de las normativas y mitiga los riesgos asociados al sesgo y al uso indebido de los datos.

Al centrarse en estas prioridades, las organizaciones pueden aprovechar todo el potencial de GenAI en el abastecimiento y la adquisición, impulsando la innovación y logrando una ventaja competitiva en un panorama en rápida evolución.

Conclusión

La integración de GenAI en el abastecimiento y las adquisiciones está marcando el comienzo de una nueva era de eficiencia operativa, innovación y toma de decisiones estratégicas. Al automatizar tareas repetitivas, mejorar las relaciones con los proveedores y ofrecer información predictiva, GenAI transforma esta función empresarial crítica de un centro de costos a una fuente de ventaja competitiva. Su capacidad para optimizar los procesos, minimizar los riesgos y alinear las estrategias de adquisición con los objetivos de la organización subraya su potencial transformador.

Para aprovechar al máximo los beneficios de la GenAI, las organizaciones deben adoptar una mentalidad estratégica que priorice la adaptabilidad y el crecimiento a largo plazo. Esto implica no solo aprovechar las últimas tecnologías, sino también fomentar una cultura que abrace el cambio y la innovación. Los responsables de compras deben centrarse en alinear sus estrategias de IA con objetivos empresariales más amplios y, al mismo tiempo, garantizar que las prácticas éticas y sostenibles guíen sus decisiones. La colaboración entre departamentos también será esencial para integrar eficazmente las herramientas de GenAI en los flujos de trabajo y sistemas existentes.

Las organizaciones deben seguir siendo ágiles frente a los rápidos avances tecnológicos y las condiciones cambiantes del mercado. La creación de una hoja de ruta para la adopción de la GenAI que incluya formación continua, mejora de las competencias e inversión en herramientas avanzadas garantizará un éxito sostenido. Al mantener un enfoque claro en las prioridades estratégicas y las consideraciones éticas, las empresas pueden posicionar sus funciones de compras como líderes en innovación, resiliencia y creación de valor, allanando el camino para un futuro más eficiente y sostenible.

Conclusiones clave

1. **Potencial transformador de GenAI:** GenAI está revolucionando el abastecimiento y las adquisiciones mediante la automatización de procesos, la mejora de las relaciones con los proveedores y la habilitación de información predictiva. Estos avances elevan el papel de la función de soporte operativo a un impulsor estratégico del valor empresarial.
2. **Desafíos éticos y estratégicos**: La implementación de GenAI trae preocupaciones éticas como el sesgo en la toma de decisiones, la privacidad de los datos y la sostenibilidad. Abordar estos desafíos requiere implementar marcos de gobernanza sólidos y alinear las iniciativas de IA con los objetivos comerciales éticos y estratégicos.
3. **Evolución de los conjuntos de habilidades y roles**: La adopción de GenAI requiere un cambio en las capacidades

de la fuerza laboral, enfatizando el análisis de datos, la integración de la IA y la toma de decisiones estratégicas. Están surgiendo nuevos roles, como los especialistas en adquisiciones de IA y los consultores de análisis predictivo, que están redefiniendo el panorama de las carreras de compras.

4. **Integración e innovación:** La integración perfecta con las tecnologías existentes y el aprovechamiento de las plataformas impulsadas por la IA garantizan que las organizaciones sigan siendo competitivas. Mantenerse a la vanguardia requiere adoptar tendencias como el análisis predictivo, el abastecimiento autónomo y la evaluación de riesgos de los proveedores.

5. **Estrategias de futuro:** Las organizaciones deben priorizar iniciativas estratégicas como las adquisiciones sostenibles, el aprendizaje continuo y la toma de decisiones basada en datos para maximizar el impacto de la GenAI. Fomentar la innovación y la adaptabilidad garantizará la resiliencia en un panorama en rápida evolución.

La integración de GenAI en el abastecimiento y las adquisiciones no es solo una actualización tecnológica, es un cambio transformador que exige previsión y acción estratégicas. Las empresas deben abordar la adopción de GenAI con un enfoque en alinear la tecnología con objetivos organizacionales más amplios, al tiempo que fomentan la innovación y la gobernanza ética. Al abordar los desafíos actuales e invertir en estrategias preparadas para el futuro, las empresas pueden desbloquear todo el potencial de la GenIA, impulsando la eficiencia, la sostenibilidad y el éxito a largo plazo.

CAPÍTULO 12: GESTIÓN DEL TALENTO

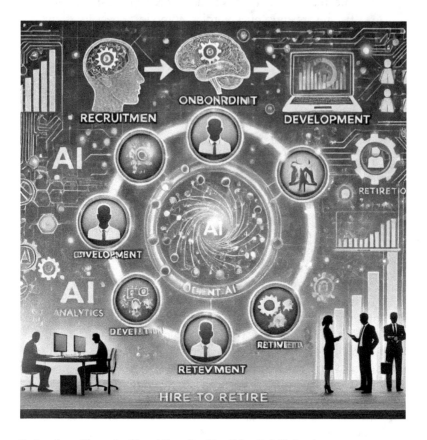

Introducción a la GenAI en la Gestión del Talento

La gestión del talento es una función crítica dentro de las organizaciones, que abarca el reclutamiento, la retención, el desarrollo y el compromiso de los empleados y contratistas para impulsar el éxito organizacional. A medida que las empresas navegan por los rápidos cambios en la fuerza laboral global, la capacidad de administrar eficazmente el talento se ha convertido en un diferenciador competitivo. En un panorama moldeado por los avances tecnológicos, los cambios demográficos y la evolución de las expectativas de los empleados, las organizaciones deben adoptar enfoques innovadores para atraer, desarrollar y retener a los mejores talentos.

GenAI tiene un potencial transformador para la gestión del talento al mejorar la toma de decisiones, agilizar los procesos y fomentar una comprensión más profunda de las necesidades de los empleados.

Desde la automatización de los flujos de trabajo de contratación hasta el diseño de planes personalizados de aprendizaje y desarrollo, GenAI ofrece herramientas que ayudan a los profesionales de RRHH a gestionar el talento con mayor precisión y eficiencia. Por ejemplo, los análisis impulsados por IA pueden proporcionar información procesable sobre las tendencias de la fuerza laboral, lo que permite a las empresas anticipar la escasez de habilidades y tomar decisiones proactivas. Los modelos generativos pueden crear módulos de formación personalizados y trayectorias de desarrollo profesional, atendiendo a las necesidades únicas de cada empleado.

A pesar de su potencial, la gestión del talento se enfrenta a varios retos persistentes que GenAI puede abordar. Muchas organizaciones luchan contra los sesgos en los procesos de contratación y promoción, lo que obstaculiza los esfuerzos de diversidad e inclusión. La GenIA, cuando se implementa cuidadosamente, puede ayudar a mitigar estos sesgos al estandarizar los criterios de evaluación y proporcionar datos objetivos para la toma de decisiones. Las organizaciones a menudo se enfrentan a la falta de compromiso y la rotación de empleados, que se ven exacerbadas por la falta de oportunidades personalizadas de desarrollo profesional. GenAI puede analizar los datos de compromiso para identificar a los empleados en riesgo y recomendar intervenciones personalizadas. Otro desafío clave radica en la gestión de una fuerza laboral cada vez más remota e híbrida, donde los métodos tradicionales de monitoreo de la productividad y el compromiso pueden quedarse cortos. Las herramientas impulsadas por GenAI pueden ofrecer soluciones innovadoras para mantener la conectividad y la colaboración entre equipos distribuidos, lo que garantiza que las organizaciones sigan siendo ágiles y resilientes frente al cambio.

Impacto transformacional

GenAI está remodelando profundamente la gestión del talento mediante la introducción de capacidades avanzadas para el reclutamiento, el compromiso de los empleados, la capacitación y la planificación de la fuerza laboral. Las funciones tradicionales de RRHH se están viendo aumentadas por herramientas impulsadas por IA que automatizan las tareas repetitivas, reducen los sesgos humanos y mejoran la toma de decisiones. El reclutamiento está pasando de examinar manualmente los currículos a aprovechar las herramientas de IA que seleccionan de manera eficiente a los candidatos, identifican posibles ajustes e incluso programan entrevistas. Más allá de la contratación, GenAI también transforma el desarrollo de los empleados mediante la creación de contenidos de formación personalizados basados en las carencias de habilidades, los estilos de aprendizaje y las aspiraciones profesionales.

Los flujos de trabajo, la toma de decisiones y la dinámica de equipo dentro de la gestión del talento están evolucionando a la par de la adopción de GenAI. Los procesos de toma de decisiones se basan cada vez más en análisis predictivos, lo que permite a los profesionales de RRHH anticiparse a las necesidades de la fuerza laboral y abordar de forma proactiva retos como el desgaste de los empleados. Los flujos de trabajo se están optimizando a través de la automatización, liberando a los equipos de RRHH para que se centren en actividades estratégicas como dar forma a la cultura organizativa y al bienestar de los empleados. La dinámica de los equipos también está cambiando a medida que los asistentes virtuales facilitan la comunicación y la colaboración fluidas en entornos de trabajo híbridos.

La adopción de GenAI ha catalizado un cambio en el enfoque y las prioridades de las funciones de gestión del talento. Los líderes de RRHH están pasando de las tareas administrativas a la planificación estratégica de la fuerza laboral, con el objetivo de crear una fuerza laboral ágil y preparada para el futuro. Cada vez se hace más hincapié en la experiencia de los empleados, con plataformas impulsadas por GenAI que ofrecen trayectorias profesionales personalizadas que mejoran el compromiso y la retención.

- **Procesos de contratación mejorados**: GenAI agiliza la búsqueda, la selección y la evaluación de candidatos mediante el análisis de los currículos y la predicción de las tasas de éxito de los candidatos. Esto no solo reduce el tiempo de contratación, sino que también mejora la calidad de las contrataciones.
- **Aprendizaje y desarrollo personalizados**: Al adaptar los programas de capacitación a las necesidades individuales, GenAI garantiza que los empleados reciban oportunidades de desarrollo relevantes e impactantes, fomentando el crecimiento profesional y la satisfacción.
- **Análisis predictivo de la fuerza laboral**: GenAI permite a RR.HH. anticiparse a tendencias como la rotación de empleados o la escasez de habilidades, lo que permite la planificación proactiva de la fuerza laboral y la mitigación de riesgos.

- **Compromiso y retención de los empleados**: Las herramientas impulsadas por IA analizan los datos de compromiso para identificar a los empleados en riesgo y recomendar estrategias de retención específicas, lo que fortalece la estabilidad de la fuerza laboral.
- **Estrategias de optimización de la fuerza laboral**: GenAI apoya la asignación dinámica de recursos mediante el análisis de los requisitos del proyecto y la disponibilidad de la fuerza laboral, lo que garantiza una utilización óptima del talento en toda la organización.

La integración de la GenAI en la gestión del talento es más que una actualización tecnológica; Es un cambio de paradigma que redefine la forma en que las organizaciones atraen, involucran y desarrollan a su fuerza laboral. Al automatizar las tareas rutinarias, proporcionar información basada en datos y mejorar la experiencia de los empleados, GenAI permite a los líderes de RRHH asumir un papel más estratégico e impactante. Las organizaciones que aprovechen estas oportunidades no solo mejorarán la eficiencia operativa, sino que también fomentarán una fuerza laboral más comprometida, diversa y preparada para el futuro.

Tecnologías y herramientas clave

GenAI ofrece una amplia gama de herramientas y plataformas diseñadas para mejorar las funciones de gestión del talento. Desde plataformas de contratación impulsadas por IA como LinkedIn Talent Insights hasta soluciones de compromiso de los empleados como Culture Amp, estas herramientas agilizan los procesos y mejoran la toma de decisiones. Los modelos de GenAI como GPT-4 y BERT desempeñan un papel crucial mediante el análisis de datos no estructurados, la automatización de tareas repetitivas y la creación de materiales de aprendizaje personalizados. Estas tecnologías permiten a los profesionales de RRHH dedicar más tiempo a iniciativas estratégicas, lo que en última instancia fomenta una plantilla más ágil y comprometida.

La integración con las tecnologías y sistemas existentes es fundamental para aprovechar GenAI de manera efectiva en la gestión del talento. Muchas organizaciones ya utilizan sistemas de gestión de recursos humanos (HRMS) como Workday o SAP SuccessFactors. La integración de GenAI con estos sistemas permite realizar análisis predictivos avanzados e información en tiempo real sobre el rendimiento, el compromiso y los riesgos de retención de los empleados. La combinación de GenAI con un sistema de gestión de recursos humanos puede automatizar los flujos de trabajo de incorporación mediante la generación de materiales de formación personalizados y la habilitación de rutas de aprendizaje adaptativas adaptadas a los nuevos empleados. La integración con plataformas de colaboración como Microsoft Teams o Slack facilita los bucles de retroalimentación en tiempo real, mejorando la comunicación y la colaboración dentro de Teams.

Otra área de integración es el uso de GenAI con las herramientas de visualización y análisis de datos existentes. Al incorporar información impulsada por IA en los paneles, los líderes de RR.HH. pueden tomar decisiones basadas en datos en tiempo real. Esto puede incluir la previsión de las necesidades de talento, la evaluación de las métricas de rotación o el análisis de los resultados de las encuestas de compromiso. Garantizar la interoperabilidad entre GenAI y los sistemas existentes minimiza los silos de datos y mejora la precisión de la información, lo que permite a los equipos de RRHH ser más proactivos y estratégicos.

El panorama de la gestión del talento está evolucionando rápidamente, impulsado por los avances tecnológicos. Las siguientes tendencias están dando forma al futuro de esta función:

- **Adquisición de talento impulsada por IA**: Las herramientas de GenAI están revolucionando la contratación al automatizar la selección de candidatos, reducir el sesgo y mejorar la calidad de las contrataciones. Estas plataformas analizan los perfiles de los candidatos y predicen la alineación cultural y de roles, lo que hace que los procesos de contratación sean más eficientes.
- **Plataformas de aprendizaje adaptativo**: Los programas de formación personalizados generados por la IA garantizan que los empleados reciban oportunidades de desarrollo específicas. Estas plataformas evalúan las fortalezas, debilidades y objetivos profesionales individuales, ofreciendo rutas de aprendizaje personalizadas.
- **Planificación predictiva de la fuerza laboral**: Los modelos de GenAI anticipan las tendencias de la fuerza laboral, como los riesgos de rotación, la escasez de habilidades y las futuras demandas de talento. Estos conocimientos permiten a los líderes de RR.HH. abordar de forma proactiva los desafíos y alinear sus estrategias con los objetivos de la organización.

- **Comentarios de los empleados en tiempo real**: Las herramientas impulsadas por IA recopilan y analizan datos de compromiso para proporcionar información procesable. Al identificar patrones y predecir las necesidades de los empleados, estas herramientas fomentan una fuerza laboral más comprometida y satisfecha.
- **Optimización de la flexibilidad de la fuerza laboral:** Las herramientas de GenAI respaldan la asignación dinámica de la fuerza laboral mediante el análisis de las demandas del proyecto y la disponibilidad de los empleados. Esto garantiza una utilización óptima de los recursos y la agilidad para cumplir con las prioridades de la organización.

Al aprovechar estas tecnologías y tendencias, las organizaciones pueden transformar sus funciones de gestión del talento, creando un ecosistema de RRHH más dinámico y receptivo que respalde los objetivos empresariales y mejore la satisfacción de los empleados.

Desafíos y riesgos

GenAI introduce numerosos beneficios en la gestión del talento, pero también plantea importantes preocupaciones éticas. Uno de los principales desafíos éticos es mantener la equidad y la inclusión durante la contratación y las evaluaciones de los empleados. Los sistemas GenAI pueden perpetuar inadvertidamente el sesgo debido a los datos con los que se entrenan, lo que lleva a prácticas de contratación injustas o evaluaciones discriminatorias. Garantizar el cumplimiento ético requiere un escrutinio riguroso de los conjuntos de datos y una validación constante de los algoritmos de IA para eliminar los sesgos. La privacidad es una preocupación apremiante, ya que las aplicaciones de GenAI a menudo analizan información personal y confidencial de los empleados, lo que hace que la seguridad de los datos y el cumplimiento de las regulaciones de privacidad sean primordiales.

Otro desafío es la transparencia en la toma de decisiones. Los modelos de GenAI suelen ser complejos y difíciles de interpretar, lo que puede dar lugar a procesos de toma de decisiones de "caja negra". Esta falta de transparencia puede erosionar la confianza entre los empleados, especialmente si las decisiones impulsadas por la IA afectan a la progresión profesional o a la compensación. Las organizaciones deben asegurarse de que los conocimientos impulsados por la IA sean explicables y se alineen con las políticas transparentes de RRHH para fomentar la confianza y la responsabilidad.

Los riesgos asociados a la GenAI en la gestión del talento van más allá de las consideraciones éticas. La dependencia excesiva de las herramientas de GenAI podría conducir a una reducción de la supervisión humana y del pensamiento crítico en los procesos de RRHH. La dependencia excesiva de la IA para tomar decisiones de contratación puede pasar por alto los matices culturales o la dinámica de equipo que una perspectiva humana puede evaluar. El mal uso de la GenIA, como su aplicación en áreas para las que no está optimizada, podría dar lugar a una mala toma de decisiones y a daños en la reputación. Las organizaciones deben encontrar un equilibrio entre aprovechar las herramientas de IA y mantener el juicio humano en las decisiones críticas.

Para hacer frente a estos desafíos y riesgos, las organizaciones deben adoptar marcos y directrices sólidos. Esto implica crear políticas éticas integrales de IA, garantizar la transparencia en las operaciones de IA e implementar medidas de seguridad sólidas. A continuación se presentan cinco enfoques clave para mitigar los riesgos en la gestión del talento:

- **Prácticas transparentes de IA**: Establecer políticas claras que expliquen cómo se utiliza la GenAI en los procesos de toma de decisiones y proporcionar a los empleados información sobre los resultados generados por la IA.
- **Protocolos de seguridad de datos**: Fortalecer el cifrado de datos, los controles de acceso y el cumplimiento de regulaciones como HIPPA para salvaguardar la información confidencial de los empleados.
- **Mecanismos de supervisión humana**: Incorporación de un sistema de "humano en el circuito" para garantizar que las decisiones críticas tengan revisión y aprobación humanas.
- **Formación continua sobre la ética de la IA**: Educar a los profesionales de RRHH sobre el uso ético de la IA y proporcionar formación periódica para garantizar que estén equipados para trabajar junto a la IA de forma responsable.
- **Detección y mitigación de sesgos**: Auditorías periódicas de los modelos de GenAI para identificar y rectificar sesgos en la contratación, las revisiones de rendimiento y la planificación de la sucesión.

Al abordar estos desafíos e implementar estas salvaguardas, las organizaciones pueden aprovechar el potencial de GenAI en la gestión del talento y, al mismo tiempo, minimizar los riesgos y fomentar un lugar de trabajo ético y seguro.

Evolución del conjunto de habilidades

La GenAI está transformando la gestión del talento, lo que requiere un cambio significativo en los conjuntos de habilidades requeridas para los profesionales en esta función. Las habilidades tradicionales, como los procesos administrativos de RRHH y las tareas manuales de contratación, están siendo aumentadas o sustituidas por la toma de decisiones basada en datos, la gestión de herramientas de IA y la planificación estratégica de la fuerza laboral. A medida que los sistemas de IA se convierten en parte integral de la contratación, el compromiso de los empleados y el análisis del rendimiento, los profesionales de RRHH deben adoptar la competencia técnica en las plataformas de IA y las habilidades avanzadas de interpretación de datos, al tiempo que mantienen una base sólida en la comunicación interpersonal y la toma de decisiones éticas.

La adopción de GenAI trae consigo una necesidad apremiante de formación específica y mejora de habilidades para preparar a los equipos de RRHH para este nuevo paradigma. Los profesionales deben dominar el uso de herramientas de IA para la adquisición de talento, la incorporación y las estrategias de retención de empleados. Esto incluye formación en sistemas de seguimiento de candidatos impulsados por IA, selección de currículums y plataformas de análisis de sentimientos de los empleados. La mejora de las competencias también debe extenderse a la comprensión de las implicaciones éticas del uso de la IA, en particular en lo que respecta a la mitigación de sesgos y la privacidad de los datos, para garantizar un uso responsable de la IA. Los líderes de RRHH deben estar equipados con capacidades de planificación estratégica para aprovechar los conocimientos de la IA para el desarrollo de la fuerza laboral a largo plazo y la alineación organizacional.

Otra área crítica para la capacitación es el fomento de la colaboración entre la IA y los humanos. Esto implica enseñar a los profesionales de RRHH a interpretar eficazmente las recomendaciones generadas por la IA y a tomar decisiones centradas en el ser humano que se alineen con la cultura organizativa. Los programas de aprendizaje continuo, las certificaciones en ética de la IA y las asociaciones con proveedores de tecnología pueden cerrar la brecha entre las habilidades actuales y los requisitos de un futuro impulsado por la GenIA. Al incorporar estos programas en las estrategias de desarrollo de RRHH, las organizaciones pueden crear una fuerza laboral que sea adaptable, capacitada y alineada con las tendencias emergentes.

GenAI también está allanando el camino para roles completamente nuevos dentro de la gestión del talento. Estas funciones reflejan las demandas cambiantes de la integración de la IA en los procesos de RRHH. A continuación, se presentan cinco roles emergentes que ejemplifican esta transformación:

- **Estratega de talento mejorado por IA**: Este puesto se centra en el diseño de estrategias de adquisición y retención de talento utilizando los conocimientos de GenAI. Estos profesionales combinan el análisis de la fuerza laboral con predicciones generadas por IA para alinear las iniciativas de RRHH con los objetivos empresariales.
- **Especialista en ética de IA en RRHH**: Responsable de garantizar el uso ético de la IA en las prácticas de RRHH, esta función incluye la auditoría de los algoritmos de IA, la mitigación de sesgos y el desarrollo de políticas que defiendan la equidad y la transparencia.
- **Científico de datos de la fuerza laboral**: esta función implica analizar los datos de la fuerza laboral impulsados por IA para proporcionar información procesable sobre el rendimiento, el compromiso y la progresión profesional de los empleados. Estos profesionales trabajan en estrecha colaboración con los líderes de recursos humanos para optimizar la planificación de la fuerza laboral.
- **Especialista en integración de GenAI**: Con la tarea de implementar e integrar las herramientas de GenAI en los sistemas de RRHH existentes, estos especialistas garantizan una adopción fluida, resuelven problemas técnicos y maximizan el potencial de la IA dentro de las funciones de RRHH.
- **Diseñador de experiencia del empleado**: Aprovechando las herramientas de GenAI, este puesto se centra en la creación de experiencias personalizadas y dinámicas para los empleados, incluidos programas de incorporación, vías de formación y oportunidades de desarrollo profesional.

Al fomentar estos nuevos roles y priorizar el desarrollo de habilidades, las organizaciones pueden asegurarse de que sus equipos de RRHH estén preparados para aprovechar todo el potencial de GenAI mientras se mantienen ágiles en un panorama de talento en evolución.

Tendencias emergentes

El impacto a largo plazo de GenAI en la gestión del talento promete ser transformador, remodelando la forma en que las organizaciones atraen, desarrollan y retienen el talento. A medida que el lugar de trabajo se vuelve más dependiente de las herramientas impulsadas por IA, GenAI redefinirá las prácticas tradicionales al mejorar la precisión, la personalización y las capacidades predictivas. Con el tiempo, se espera que esta tecnología cambie la gestión del talento de una función reactiva a una proactiva, lo que permitirá a los equipos de RRHH anticiparse a las necesidades de la fuerza laboral, optimizar la utilización del talento y fomentar el compromiso de los empleados a niveles sin precedentes.

Varias tendencias emergentes están remodelando el futuro de la gestión del talento de manera profunda. En primer lugar, la integración de la GenAI en la adquisición de talento está revolucionando los procesos de contratación. Las herramientas impulsadas por IA no solo aceleran la selección de candidatos, sino que también descubren el potencial oculto a través del análisis de datos avanzado, lo que permite tomar decisiones de contratación más estratégicas. En segundo lugar, el desarrollo de los empleados se está transformando mediante rutas de aprendizaje personalizadas y programas de tutoría impulsados por IA diseñados para alinear las aspiraciones profesionales individuales con los objetivos de la organización. En tercer lugar, el análisis de sentimientos y los sistemas de retroalimentación de los empleados impulsados por la IA están permitiendo a las organizaciones medir el compromiso de la fuerza laboral en tiempo real y tomar medidas proactivas para abordar las preocupaciones, impulsando la retención y la satisfacción. Por último, la planificación de la fuerza laboral es cada vez más predictiva y dinámica, y las herramientas de GenAI proporcionan información procesable sobre las necesidades futuras de talento, las brechas de habilidades y la planificación de la sucesión, lo que permite a las organizaciones mantenerse ágiles y competitivas.

Para seguir siendo competitivas en este espacio en rápida evolución, las organizaciones deben priorizar las acciones estratégicas para aprovechar todo el potencial de la GenAI en la gestión del talento. A continuación se presentan cinco prioridades clave:

1. **Invierta en análisis de la fuerza laboral impulsados por IA**: implemente plataformas de análisis avanzados que aprovechen GenAI para obtener información sobre las tendencias de la fuerza laboral, las brechas de habilidades y las métricas de rendimiento. Estas herramientas ayudan a las organizaciones a tomar decisiones basadas en datos para optimizar la planificación y el desarrollo de la fuerza laboral.

2. **Fomentar una cultura de aprendizaje continuo:** Establecer programas de aprendizaje y desarrollo impulsados por GenAI para equipar a los empleados con las habilidades necesarias para prosperar en un lugar de trabajo impulsado por la IA. Las rutas de aprendizaje personalizadas y las herramientas de formación adaptativas garantizan la relevancia y el compromiso.

3. **Mejore la experiencia de los empleados a través de la personalización**: Utilice GenAI para crear experiencias personalizadas para los empleados, desde los procesos de incorporación hasta los planes de progresión profesional. Las interacciones personalizadas mejoran el compromiso, la satisfacción y la lealtad.

4. **Garantizar un uso ético y transparente de la IA:** Desarrollar directrices éticas sólidas para las aplicaciones de GenAI en la gestión del talento, centrándose en la privacidad de los datos, la transparencia algorítmica y la mitigación de sesgos. Establecer un marco de supervisión para generar confianza entre los empleados.

5. **Adopte prácticas predictivas de gestión del talento:** Aproveche las capacidades predictivas de GenAI para anticipar las necesidades de la fuerza laboral, pronosticar la deserción y planificar la sucesión. Este enfoque con visión de futuro posiciona a las organizaciones para adaptarse de manera proactiva a los cambios del mercado y la fuerza laboral.

Al centrarse en estas prioridades estratégicas, las organizaciones pueden alinear sus prácticas de gestión del talento con las capacidades y oportunidades que presenta GenAI, lo que garantiza una ventaja competitiva en el panorama de la fuerza laboral en constante evolución.

Conclusión

GenAI está preparada para revolucionar la gestión del talento mediante la introducción de herramientas y prácticas innovadoras que mejoren la precisión, la eficiencia y la inclusión de los procesos relacionados con la fuerza laboral. Desde la contratación hasta el desarrollo y el compromiso de los empleados, GenAI ofrece oportunidades sin precedentes para optimizar las operaciones y crear estrategias de talento más adaptables y basadas en datos. Al aprovechar la GenAI, las organizaciones pueden garantizar que sus prácticas de gestión del talento permanezcan alineadas con las cambiantes demandas de la fuerza laboral y preparadas para el futuro frente a los desafíos emergentes.

Para aprovechar al máximo el potencial de la GenAI en la gestión del talento, las organizaciones deben adoptar una mentalidad de pensamiento estratégico y adaptabilidad. Esto comienza con el reconocimiento de que GenAI no es una solución única para todos; Más bien, su implementación requiere una comprensión profunda de las necesidades organizacionales y las características únicas de la fuerza laboral. Los líderes deben identificar las áreas en las que la GenAI puede ofrecer el mayor valor, garantizando una integración equilibrada con los sistemas existentes y la supervisión humana para mitigar riesgos como el sesgo y la dependencia excesiva de la automatización. A medida que GenAI continúa evolucionando, las organizaciones deben mantenerse ágiles, adaptando sus prácticas y políticas para alinearse con los últimos avances tecnológicos y las tendencias de la fuerza laboral.

El camino hacia la gestión del talento basada en la GenIA tiene que ver tanto con la transformación cultural como con la integración tecnológica. Las organizaciones deben fomentar una cultura de aprendizaje y experimentación continuos, alentando tanto a los empleados como a los líderes a adoptar la GenAI como una herramienta para el empoderamiento en lugar de un reemplazo. Generar confianza en estos sistemas a través de la transparencia, las directrices éticas y las sólidas medidas de privacidad de los datos será fundamental para garantizar una aceptación generalizada. Al incorporar GenAI en sus marcos de gestión del talento de manera estratégica y reflexiva, las organizaciones pueden desbloquear todo su potencial, creando una fuerza laboral más comprometida, productiva y equipada para prosperar en el futuro del trabajo.

Conclusiones clave

1. **GenAI mejora los procesos de contratación**: GenAI revoluciona la adquisición de talento mediante la automatización de la selección de candidatos, la adaptación de las descripciones de los puestos de trabajo y la predicción de la idoneidad de los candidatos. Permite a los profesionales de RRHH identificar a los mejores talentos de forma eficiente al tiempo que minimiza los sesgos inconscientes, fomenta la diversidad y mejora la experiencia general de contratación.

2. **Transformación del desarrollo de los empleados**: Al analizar los datos de los empleados y las tendencias de la industria, GenAI personaliza los planes de desarrollo y las trayectorias profesionales. Permite recomendaciones de aprendizaje dinámicas, lo que garantiza que los empleados adquieran habilidades relevantes para el crecimiento profesional mientras se alinean con los objetivos de la organización y las demandas del mercado.

3. **Toma de decisiones basada en datos para la gestión de la fuerza laboral**: GenAI proporciona información en tiempo real sobre el compromiso, el rendimiento y las necesidades organizacionales de los empleados. Esto fomenta las decisiones respaldadas por datos que optimizan la asignación de recursos, la composición del equipo y la planificación de la fuerza laboral, lo que conduce a mayores tasas de productividad y retención.

4. **Mitigación de riesgos y desafíos éticos**: La integración de la GenAI en la gestión del talento requiere un marco ético sólido para abordar preocupaciones como la privacidad de los datos, la equidad y el uso indebido. El establecimiento de prácticas de transparencia y rendición de cuentas garantiza la confianza en los resultados de GenAI y mantiene el cumplimiento de las regulaciones globales.

5. **Aparición de nuevos roles y conjuntos de habilidadesEl auge de GenAI allana el camino para roles como los estrategas de talento de IA y los analistas de la fuerza laboral basados en datos. Los profesionales equipados con habilidades híbridas en IA, interpretación de datos y RRHH serán fundamentales para aprovechar la GenAI para impulsar la innovación y la transformación de la fuerza laboral.**

Rick Abbott

Para capitalizar el potencial de la GenAI, las organizaciones deben adoptar un enfoque proactivo y estratégico. Esto incluye invertir en la mejora de las habilidades de los empleados, fomentar la colaboración interfuncional y desarrollar directrices éticas para el uso de la IA. Al incorporar la adaptabilidad y la innovación en sus marcos de gestión del talento, las organizaciones pueden crear fuerzas de trabajo resilientes listas para navegar por el futuro cambiante del trabajo.

CAPÍTULO 13: IMPLEMENTACIÓN DE GENAI EN SU ORGANIZACIÓN

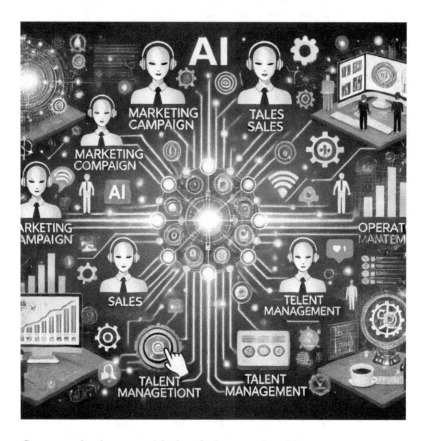

Comprender las necesidades de la organización

Adoptar GenAI es una decisión transformadora, pero las organizaciones primero deben evaluar su preparación para garantizar una integración perfecta. Evaluar la preparación implica comprender las capacidades actuales, identificar las brechas en la infraestructura y evaluar la cultura y la adaptabilidad de la organización al cambio. Esta evaluación proporciona una imagen clara de los recursos, habilidades y herramientas necesarios para una implementación exitosa, lo que reduce el riesgo de errores y permite un enfoque más estratégico para la adopción de GenAI. Sin dicha evaluación, las organizaciones corren el riesgo de implementar tecnologías que no se alinean con sus realidades operativas o culturales, lo que lleva a una subutilización o ineficiencias.

Alinear la GenAI con los objetivos y estrategias generales del negocio es esencial para maximizar su impacto potencial. **La GenAI no debe verse como una tecnología independiente, sino como un impulsor de objetivos estratégicos, como mejorar las experiencias de los clientes, optimizar las operaciones o impulsar la innovación.** Al incorporar GenAI en la estrategia organizacional más amplia, las empresas pueden asegurarse de que su implementación respalde los indicadores clave de rendimiento (KPI) y brinde un valor medible. Esta alineación también garantiza que las partes interesadas de toda la organización reconozcan a GenAI como una herramienta para lograr objetivos compartidos, fomentando la colaboración y el apoyo para su implementación.

La integración de nuevas tecnologías como GenAI en los flujos de trabajo existentes conlleva desafíos que las organizaciones deben anticipar. Es posible que los sistemas heredados no se adapten fácilmente a las capacidades avanzadas de GenAI, lo que genera problemas de compatibilidad y costos adicionales para actualizaciones o reemplazos. La resistencia al cambio por parte de los empleados, especialmente si temen el desplazamiento del trabajo, puede obstaculizar la adopción y limitar la eficacia de la tecnología. Los flujos de trabajo existentes pueden requerir un rediseño significativo para incorporar GenAI de manera efectiva, lo que puede interrumpir las operaciones a corto plazo. Abordar estos desafíos con una comunicación clara, programas de capacitación sólidos y planes de implementación por fases puede facilitar la transición y garantizar un proceso de integración más fluido.

Desarrollar una estrategia de implementación de GenAI

La creación de una estrategia para la integración de GenAI requiere un enfoque estructurado, paso a paso, que garantice la alineación con los objetivos y la preparación de la organización. El proceso comienza con una evaluación integral de las necesidades, identificando las áreas clave en las que GenAI puede aportar valor, como la automatización de tareas, la mejora de las experiencias de los clientes o la habilitación de decisiones basadas en datos. A continuación, se priorizan los proyectos en función del ROI potencial, la viabilidad y la alineación con los objetivos a largo plazo. Una vez que se establecen las prioridades, las organizaciones deben esbozar un plan de implementación por fases, comenzando con proyectos piloto pequeños y manejables para probar la eficacia de GenAI y refinar el enfoque. Estos pilotos pueden informar sobre una estrategia de implementación más amplia, escalando las implementaciones exitosas en todos los departamentos.

La estrategia también debe incluir la planificación de recursos, identificando las inversiones necesarias en tecnología, talento y formación. La gestión de riesgos es otro componente crítico, ya que aborda preocupaciones como las consideraciones éticas, la seguridad de los datos y el cumplimiento de las regulaciones. Las organizaciones también deben establecer bucles de retroalimentación para evaluar el rendimiento de GenAI de forma continua y adaptar la estrategia según sea necesario. Siguiendo este enfoque paso a paso, las empresas pueden integrar GenAI de forma eficaz y sostenible, garantizando que ofrezca el máximo valor.

La colaboración multifuncional y la aceptación del liderazgo son esenciales para el éxito de cualquier estrategia de implementación de GenAI. La GenAI impacta en múltiples funciones empresariales, lo que requiere la aportación de TI, legal, RRHH y más para identificar los puntos débiles y adaptar las soluciones de manera efectiva. La planificación colaborativa garantiza que las soluciones de GenAI estén alineadas con las necesidades específicas de cada departamento, al tiempo que fomenta un sentido de propiedad compartida sobre la tecnología. La aceptación del liderazgo es igualmente crítica, ya que proporciona la autoridad, los recursos y el impulso cultural necesarios para una adopción exitosa. Los ejecutivos deben defender los proyectos de GenAI, demostrando su importancia y animando a los equipos a aprovechar las oportunidades que presentan. La comunicación clara de los líderes también ayuda a aliviar las preocupaciones sobre las interrupciones o el desplazamiento de empleos, creando un entorno positivo para el cambio.

Para medir el éxito de las iniciativas de GenAI, las organizaciones necesitan un marco sólido para definir objetivos y KPI medibles. Este marco garantiza que los proyectos de GenAI estén alineados con las prioridades estratégicas y ofrezcan resultados tangibles. A continuación se presentan cinco componentes esenciales de dicho marco:

- **Alineación estratégica:** Cada proyecto de GenAI debe apoyar directamente los objetivos generales de la organización, como mejorar la retención de clientes, aumentar la eficiencia operativa o mejorar la innovación. Esta alineación garantiza que los recursos se centren en iniciativas que aporten valor estratégico.

- **Métricas de referencia**: Establecer un punto de partida claro para el rendimiento actual es fundamental para evaluar el impacto de la GenAI. Las métricas de referencia proporcionan un punto de comparación para medir las mejoras en áreas clave, como el ahorro de tiempo o la reducción de costos.
- **KPIs específicos**: Define KPIs claros, accionables y adaptados a cada proyecto. En el servicio al cliente, esto podría incluir la reducción de los tiempos medios de respuesta o la mejora de las puntuaciones de satisfacción del cliente en un porcentaje específico.
- **Monitoreo regular**: implemente un sistema para el seguimiento continuo del rendimiento, utilizando paneles o herramientas de análisis para proporcionar información en tiempo real sobre el impacto de GenAI. Esto garantiza que los proyectos se mantengan en marcha y que cualquier problema se identifique temprano.
- **Comentarios e iteración**: recopile continuamente comentarios de las partes interesadas y los usuarios finales para perfeccionar las soluciones de GenAI. Este enfoque iterativo garantiza que los proyectos sigan siendo relevantes y respondan a las necesidades empresariales en evolución.

Al incorporar estos componentes en la estrategia de implementación, las organizaciones pueden establecer expectativas claras, monitorear el progreso de manera efectiva y adaptarse para maximizar los beneficios de GenAI.

Construya la infraestructura y las herramientas

La implementación exitosa de GenAI requiere una base tecnológica sólida que respalde la integración y la escalabilidad sin problemas. Una infraestructura de datos sólida es el núcleo, lo que permite a las organizaciones recopilar, almacenar y procesar grandes cantidades de datos de alta calidad esenciales para entrenar y ajustar los modelos de GenAI. Esto incluye soluciones seguras de almacenamiento de datos, canalizaciones de datos en tiempo real y plataformas de análisis avanzados. Igualmente importante es elegir las plataformas y modelos de GenAI adecuados, como modelos preentrenados que se puedan ajustar para aplicaciones específicas o soluciones personalizadas adaptadas a las necesidades empresariales únicas. El establecimiento de una infraestructura escalable y flexible garantiza que las implementaciones de GenAI puedan evolucionar junto con los crecientes requisitos de la organización.

Las organizaciones deben asegurarse de que su infraestructura se alinee con las demandas computacionales de GenAI. Los modelos de GenAI, en particular los modelos de lenguaje grandes (LLM) y los sistemas avanzados de generación de imágenes, requieren una potencia informática sustancial. Las soluciones basadas en la nube desempeñan un papel fundamental a la hora de satisfacer estas demandas, ya que ofrecen escalabilidad, rentabilidad y facilidad de implementación. Ya sea a través de sistemas de nube pública, privada o híbrida, las organizaciones pueden aprovechar los potentes recursos informáticos sin importantes inversiones iniciales, lo que hace que GenAI sea accesible para empresas de todos los tamaños.

La computación en la nube es esencial para la implementación de GenAI, ya que proporciona la escalabilidad necesaria para entrenar y ejecutar modelos grandes. Las plataformas en la nube como AWS, Google Cloud y Microsoft Azure ofrecen servicios especializados de IA y aprendizaje automático, lo que permite un rápido desarrollo e implementación de modelos. Estos servicios suelen incluir herramientas para gestionar las canalizaciones de datos, automatizar los flujos de trabajo y ampliar la potencia de procesamiento a medida que fluctúa la demanda. Por ejemplo, las organizaciones pueden usar marcos de aprendizaje automático alojados en la nube, como TensorFlow y PyTorch, para acelerar el desarrollo de modelos y garantizar una escalabilidad rentable.

Las integraciones de API son otro componente crítico, ya que permiten que los sistemas GenAI interactúen sin problemas con las herramientas y los flujos de trabajo existentes. Las API facilitan la integración de GenAI en plataformas CRM, sistemas ERP y otro software empresarial, mejorando la funcionalidad y agilizando los procesos. La integración de GenAI en un sistema CRM puede permitir análisis predictivos avanzados, segmentación automatizada de clientes y análisis de sentimientos en tiempo real, mejorando la capacidad de la organización para ofrecer experiencias personalizadas a los clientes.

Las consideraciones de hardware también juegan un papel vital, especialmente para las organizaciones que eligen soluciones locales. A menudo se requieren GPU y TPU de alto rendimiento para procesar las grandes cantidades de datos involucrados en el entrenamiento y la ejecución de modelos GenAI. La aceleración de hardware garantiza que tareas como el reconocimiento de imágenes, el procesamiento del lenguaje natural y el aprendizaje profundo se puedan realizar de manera eficiente. La computación periférica puede complementar las soluciones en la nube al permitir aplicaciones de GenAI en tiempo real en el borde de la red, como el mantenimiento predictivo en la fabricación o los precios dinámicos en el comercio minorista.

Herramientas y plataformas populares de GenAI

Hay una amplia gama de herramientas y plataformas disponibles para apoyar a las organizaciones en su viaje hacia la GenAI. A continuación se presentan cinco opciones populares que las empresas pueden aprovechar para mejorar sus capacidades:

- **Modelos GPT de OpenAI**: Estos grandes modelos de lenguaje son muy versátiles, capaces de generar texto similar al humano, responder preguntas, resumir contenido y mucho más. Los modelos GPT de OpenAI se pueden ajustar para casos de uso específicos, como los chatbots de servicio al cliente o la generación automatizada de contenido.
- **DALL· E**: Especializada en la generación de texto a imagen, DALL· E permite a las empresas crear imágenes realistas o estilizadas a partir de descripciones textuales. Esta herramienta es particularmente útil en marketing, diseño de productos e industrias creativas.
- **Google Cloud AI Platform**: Esta plataforma ofrece herramientas integrales para crear, entrenar e implementar modelos de GenAI. Con soporte para TensorFlow y otros marcos, proporciona una infraestructura sólida para las organizaciones que buscan soluciones de IA escalables.
- **Microsoft Azure Cognitive Services**: el conjunto de servicios cognitivos de Azure incluye API para tareas de visión, voz, lenguaje y toma de decisiones. Estas herramientas permiten a las empresas incorporar capacidades avanzadas de IA en sus aplicaciones sin necesidad de una amplia experiencia interna.
- **IBM Watson AI:** IBM Watson proporciona un conjunto de servicios de IA para la comprensión del lenguaje natural, la analítica predictiva y el aprendizaje automático. Sus capacidades avanzadas en industrias como la atención médica, las finanzas y el servicio al cliente lo convierten en una herramienta valiosa para las organizaciones que buscan implementar GenAI de manera efectiva.

Al aprovechar estas herramientas y tecnologías, las organizaciones pueden optimizar sus implementaciones de GenAI, lo que garantiza una funcionalidad, integración y escalabilidad sólidas. Esta infraestructura fundamental permite a las empresas aprovechar todo el potencial de GenAI, impulsando la innovación y la eficiencia en todas las funciones.

Mejorar las habilidades de la fuerza laboral

La adopción de GenAI en una organización trae cambios significativos en las habilidades requeridas para los empleados en todos los niveles. Los roles tradicionales están evolucionando, y los profesionales ahora deben ser competentes en el trabajo junto a las herramientas de IA para mejorar su productividad y toma de decisiones. Las competencias básicas, como la alfabetización de datos, la ética de la IA y la ingeniería de avisos, se están volviendo esenciales. Los empleados deben entender cómo interpretar los resultados de GenAI y utilizar estos conocimientos para informar sus acciones de forma eficaz. Estos cambios exigen no solo habilidades técnicas, sino también adaptabilidad, pensamiento crítico y colaboración para aprovechar todo el potencial de la GenIA.

El cambio de habilidades también requiere un enfoque en capacidades más estratégicas y creativas a medida que las tareas rutinarias y repetitivas se automatizan. Es posible que los empleados de marketing deban aprender a guiar las herramientas de GenAI para crear campañas efectivas, mientras que los profesionales de las finanzas pueden necesitar comprender cómo los modelos de IA generan pronósticos financieros. En toda la organización, existe una demanda cada vez mayor de personas que puedan cerrar la brecha entre las tecnologías de IA y los objetivos comerciales, asegurando que las soluciones de GenAI se alineen con los objetivos de la organización.

Los programas de capacitación, los talleres y las iniciativas específicas de mejora de las habilidades son fundamentales para abordar estos requisitos en constante evolución. Las organizaciones deben invertir en el desarrollo de la experiencia interna para gestionar y aprovechar la GenAI de forma eficaz. Esto implica ofrecer rutas de aprendizaje estructuradas y adaptadas a diversos roles, asegurando que los empleados adquieran los conocimientos y habilidades necesarios para colaborar con los sistemas de IA. Talleres y sesiones prácticas centradas en herramientas específicas, como OpenAI GPT o DALL·

E, puede capacitar a los equipos para explorar aplicaciones del mundo real y fomentar la confianza en el uso de estas tecnologías.

Las organizaciones deben asegurarse de que las iniciativas de formación sean continuas y adaptables. A medida que evolucionan las herramientas de GenAI, los empleados deben mantenerse actualizados sobre los últimos avances. Asociarse con instituciones educativas, proveedores de IA y plataformas de aprendizaje en línea puede ayudar a ofrecer contenido de capacitación actualizado y de alta calidad. Iniciativas como los hackathons o los bootcamps centrados en la IA pueden animar aún más a los empleados a experimentar con las herramientas de GenAI y descubrir casos de uso innovadores.

Para crear un entorno en el que prosperen el aprendizaje continuo y la alfabetización en IA, las organizaciones deben adoptar un enfoque estratégico. A continuación se presentan cinco estrategias efectivas:

- **Rutas de aprendizaje personalizadas**: Diseñe programas de capacitación adaptados a los roles individuales y los niveles de habilidad. Por ejemplo, los equipos de TI pueden centrarse en el desarrollo avanzado de IA, mientras que los equipos de atención al cliente aprenden a aprovechar los chatbots de IA de forma eficaz. Los enfoques personalizados garantizan la relevancia y el compromiso.
- **Programas de alfabetización en IA**: Implemente iniciativas en toda la organización para educar a los empleados sobre los conceptos, la ética y las aplicaciones fundamentales de la IA. Proporcionar una comprensión básica ayuda a desmitificar la GenAI y reduce la resistencia a su adopción.
- **Plataformas de aprendizaje colaborativo**: Utilice plataformas internas para compartir conocimientos, donde los empleados pueden compartir ideas, consejos y mejores prácticas relacionadas con las herramientas de GenAI. El aprendizaje entre pares fomenta una cultura de colaboración y acelera el desarrollo de habilidades colectivas.
- **Capacitación dirigida por líderes**: Involucre a los líderes para defender la adopción de la IA participando y apoyando iniciativas de capacitación. Cuando los líderes demuestran competencia y compromiso con la IA, se establece un precedente a seguir para toda la organización.
- **Reconocimiento e incentivos**: motive a los empleados a participar en la mejora de las habilidades ofreciendo reconocimiento y recompensas por completar programas de capacitación o demostrar experiencia en IA. Esto podría

incluir certificaciones, promociones o incentivos monetarios, reforzando el valor del aprendizaje.

Al priorizar la mejora de las habilidades y fomentar una cultura de aprendizaje continuo, las organizaciones pueden equipar a su fuerza laboral con las herramientas y el conocimiento necesarios para tener éxito en la era de la GenAI. Esto no solo garantiza una adopción más fluida de nuevas tecnologías, sino que también permite a los empleados desbloquear oportunidades innovadoras para la organización.

Pilotar y escalar iniciativas de GenAI

La introducción de la GenAI en una organización comienza con proyectos piloto a pequeña escala diseñados para validar casos de uso y demostrar un valor tangible. Los pilotos ofrecen un entorno controlado para probar las soluciones de GenAI, lo que garantiza que aborden las necesidades comerciales específicas y se alineen con los objetivos de la organización. Estos proyectos ayudan a identificar posibles desafíos, como problemas de integración o barreras de adopción por parte de los usuarios, y brindan la oportunidad de refinar los modelos y flujos de trabajo antes de la implementación a mayor escala. Los pilotos permiten a las organizaciones recopilar comentarios críticos de las partes interesadas y los usuarios finales, lo que genera confianza y apoyo para las iniciativas de GenAI en toda la organización.

Comenzar con pilotos enfocados también permite a las organizaciones medir el impacto de las soluciones de GenAI en función de métricas de éxito predefinidas. Ya sea mejorando la experiencia del cliente a través de chatbots impulsados por IA u optimizando la gestión de inventario con análisis predictivos, los pilotos ofrecen una visión clara del posible retorno de la inversión (ROI). Al demostrar el éxito en entornos más pequeños, las organizaciones pueden presentar argumentos más sólidos para ampliar estas iniciativas, garantizando que una adopción más amplia sea estratégica y esté bien respaldada.

Escalar pilotos exitosos en toda la organización requiere un enfoque estructurado que incluya la alineación de las partes interesadas, una gestión de cambios sólida y una hoja de ruta clara. En primer lugar, las organizaciones deben documentar los resultados y las lecciones aprendidas de los proyectos piloto, creando estudios de casos detallados que destaquen el valor que aportó GenAI. Esta documentación sirve como una herramienta persuasiva para asegurar la aceptación de los líderes y la asignación de recursos para una implementación más amplia. Alinear las iniciativas de GenAI con las prioridades de la organización garantiza que los esfuerzos de escalado contribuyan directamente al logro de los objetivos empresariales.

El siguiente paso consiste en estandarizar los modelos y procesos de GenAI para garantizar la coherencia y la escalabilidad. Las organizaciones deben establecer directrices para integrar las soluciones de GenAI en los flujos de trabajo existentes, incluidos los protocolos de manejo de datos, cumplimiento y supervisión. Un equipo centralizado o un Centro de Excelencia (CoE) de IA puede desempeñar un papel fundamental en el mantenimiento de la calidad, el fomento de la colaboración y el apoyo a varias unidades de negocio durante el proceso de escalado. Las herramientas de automatización y las API pueden agilizar la implementación de modelos de GenAI en varios departamentos, minimizando las interrupciones operativas.

El monitoreo y la iteración continuos son esenciales a medida que se amplían las soluciones de GenAI. Las organizaciones deben realizar un seguimiento de los KPI para medir el impacto de la GenAI en todas las funciones, ajustándose en función de los comentarios y la evolución de las necesidades empresariales. La formación y la comunicación periódicas con los usuarios finales garantizan que los empleados estén equipados para maximizar los beneficios de las aplicaciones GenAI a escala. Al incorporar una cultura de experimentación y adaptabilidad, las organizaciones pueden mantener el éxito a largo plazo de las iniciativas de GenAI.

Los proyectos piloto proporcionan un excelente punto de partida para explorar el potencial de la GenAI en diversas funciones empresariales. A continuación se presentan cinco ejemplos de iniciativas piloto impactantes:

- **Chatbot de atención al cliente**: implemente un chatbot impulsado por IA para gestionar las consultas de los clientes de nivel 1. Este proyecto piloto puede medir la eficacia con la que el bot reduce los tiempos de respuesta y resuelve problemas comunes, al tiempo que libera a los agentes humanos para tareas complejas. Las métricas de éxito incluyen las puntuaciones de satisfacción del cliente y el porcentaje de consultas resueltas sin intervención humana.

- **Gestión de inventario asistida por IA**: Utilice GenAI para analizar los datos históricos de ventas y predecir las necesidades futuras de inventario. Este piloto puede mejorar la precisión de la reposición de existencias, reducir el exceso de existencias o los desabastecimientos y optimizar la eficiencia de la cadena de suministro. Métricas como la rotación de inventario y las tasas de cumplimiento de pedidos pueden evaluar su éxito.

- **Campañas de marketing personalizadas**: Aproveche GenAI para crear contenido publicitario dirigido basado en los datos y preferencias de los clientes. Este piloto se centra en mejorar el compromiso y las tasas de conversión, al tiempo que reduce el gasto en marketing. El éxito se puede medir por las tasas de clics, el aumento de las ventas y los costos de adquisición de clientes.

- **Asistente de incorporación** de empleados: Implemente un asistente virtual impulsado por GenAI para guiar a los nuevos empleados a través del proceso de incorporación. Este piloto tiene como objetivo agilizar las tareas administrativas, proporcionar respuestas instantáneas a preguntas comunes y personalizar el contenido de la capacitación. Las métricas incluyen el tiempo de finalización de la incorporación y las puntuaciones de satisfacción de los nuevos empleados.

- **Herramienta de pronóstico financiero**: Pruebe los modelos de GenAI para generar proyecciones financieras más precisas mediante el análisis de las tendencias del mercado y los datos internos. Este piloto puede ayudar a los equipos financieros a tomar decisiones basadas en datos, mejorando la planificación presupuestaria y la evaluación de riesgos. Las métricas clave incluyen la precisión de los pronósticos y la velocidad de toma de decisiones.

Al poner a prueba iniciativas de GenAI en áreas específicas, las organizaciones pueden identificar casos de uso de alto impacto, refinar sus enfoques y construir una base para escalar estas soluciones en toda la empresa.

Medir el impacto y la mejora continua

Evaluar la eficacia y el retorno de la inversión de las iniciativas de GenAI es fundamental para garantizar su alineación con los objetivos empresariales y justificar las inversiones en curso. Las organizaciones pueden evaluar estas iniciativas midiendo métricas cuantitativas como el ahorro de costos, la eficiencia de los procesos, el crecimiento de los ingresos y la satisfacción del cliente. Los comentarios cualitativos de las partes interesadas, incluidos los empleados y los clientes, proporcionan información sobre el impacto más amplio de las aplicaciones de GenAI en los flujos de trabajo, la dinámica del equipo y las experiencias de los usuarios. Una estrategia de evaluación completa ayuda a las organizaciones a identificar lo que funciona, refinar sus enfoques y escalar los éxitos.

El seguimiento y la mejora iterativa son esenciales para optimizar los resultados de las iniciativas de GenAI a lo largo del tiempo. A medida que evolucionan los entornos empresariales y las tecnologías, las soluciones de GenAI deben ajustarse continuamente para seguir siendo eficaces y relevantes. Las revisiones periódicas del rendimiento, el análisis de datos y los comentarios de los usuarios finales pueden descubrir áreas de mejora, ya sea relacionadas con la precisión del modelo, la integración con los flujos de trabajo o la usabilidad general. Al tratar las iniciativas de GenAI como sistemas dinámicos en lugar de implementaciones estáticas, las organizaciones pueden impulsar el valor sostenido y mantenerse por delante de los competidores.

La mejora iterativa implica no solo refinar los modelos de GenAI existentes, sino también explorar nuevas aplicaciones y mejoras. Las organizaciones pueden experimentar con algoritmos actualizados, integrar fuentes de datos adicionales o ampliar el uso de GenAI a funciones adyacentes. La colaboración entre departamentos garantiza que las mejoras se basen en diversas perspectivas, lo que fomenta la innovación y la resiliencia. Mantener la flexibilidad y una mentalidad adaptativa es crucial para abordar los desafíos y aprovechar las nuevas oportunidades a medida que surjan.

Los bucles de retroalimentación regulares y la adaptabilidad a la evolución de las tecnologías y las condiciones del mercado son vitales para el éxito a largo plazo. Las organizaciones deben establecer mecanismos estructurados para recopilar información de los empleados, clientes y otras partes interesadas para garantizar que las iniciativas de GenAI satisfagan sus necesidades y expectativas. Aprovechar los avances tecnológicos, como las actualizaciones de las plataformas GenAI o las herramientas emergentes, puede mejorar aún más el rendimiento. Las organizaciones deben permanecer atentas a los cambios en la dinámica del mercado, como los cambios en el comportamiento de los clientes o las presiones competitivas, y ajustar sus estrategias de GenAI en consecuencia.

Para medir el éxito de las iniciativas de GenAI, las organizaciones deben confiar en una combinación de métricas que reflejen tanto el rendimiento operativo como los resultados estratégicos. A continuación se muestran ejemplos de dichas métricas:

- **Ahorro de costes**: Esta métrica hace un seguimiento de las reducciones en los gastos operativos debido a la automatización u optimización de GenAI. Los ahorros pueden provenir de menores necesidades de personal para tareas repetitivas o de la reducción del desperdicio en la gestion de inventario.
- **Ganancias de eficiencia**: La eficiencia se evalúa midiendo las mejoras en los procesos, como los tiempos de respuesta, el rendimiento o las tasas de finalización de tareas. Un ejemplo es el tiempo que se ahorra al implementar un chatbot impulsado por IA para manejar las consultas rutinarias de los clientes.
- **Puntuaciones de satisfacción del cliente (CSAT):** El CSAT mide el grado de satisfacción de los clientes con los servicios impulsados por GenAI, como las recomendaciones personalizadas o la resolución más rápida del soporte. Las tendencias positivas en esta métrica indican el éxito de las aplicaciones de GenAI centradas en el cliente.
- **Crecimiento** de los ingresos: Esta métrica capta el impacto financiero de GenAI en el aumento de las ventas o la creación de nuevas fuentes de ingresos. Las campañas de marketing dirigidas generadas por IA pueden generar tasas de conversión más altas y ventas incrementales.
- **Precisión del modelo:** Para los modelos predictivos o generativos, la precisión mide el grado en que GenAI ofrece resultados correctos o relevantes. Las mejoras en la precisión indican una mejor alineación con las necesidades del negocio y una entrega de mayor valor.

Al medir sistemáticamente estas métricas y mantener un compromiso con la mejora continua, las organizaciones pueden maximizar el potencial de la GenIA, adaptarse a las circunstancias cambiantes y garantizar el éxito a largo plazo.

Conclusiones clave

1. **Evalúe la preparación de la organización**: Comprender la preparación de su organización para la adopción de GenAI es el primer paso. Al evaluar la infraestructura, los conjuntos de habilidades y la preparación cultural, puede garantizar una integración más fluida de la IA en los flujos de trabajo existentes y alinear las iniciativas con las estrategias comerciales generales.

2. **Desarrollar una estrategia de implementación clara**: Un enfoque estructurado para la adopción de GenAI es fundamental para el éxito. Esto incluye el establecimiento de objetivos medibles, la aceptación de los líderes y el fomento de la colaboración interfuncional para garantizar la alineación en todas las unidades de negocio.

3. **Invertir en infraestructura y mejorar las habilidades**: Construir la base tecnológica adecuada y mejorar las capacidades de la fuerza laboral son fundamentales. Esto implica aprovechar plataformas de datos sólidas, integrar herramientas avanzadas de GenAI y equipar a los equipos con las habilidades necesarias para operar y optimizar estos sistemas.

4. **Piloto, escale y mida el éxito**: Comience con proyectos piloto a pequeña escala para probar casos de uso y obtener la confianza de las partes interesadas antes de escalar en toda la organización. Utilice métricas como el ahorro de costos, el aumento de la eficiencia y la satisfacción del cliente para medir el impacto y perfeccionar las iniciativas.

5. **Comprométase con la mejora continua**: La implementación de GenAI es un proceso dinámico que requiere un seguimiento regular, bucles de retroalimentación y adaptabilidad. Al iterar en modelos y estrategias en respuesta a la evolución de las tecnologías y las condiciones del mercado, las organizaciones pueden mantener y amplificar el valor de sus inversiones en GenAI.

CAPÍTULO 14: TENDENCIAS FUTURAS

Introducción a las tendencias futuras de GenAI

GenAI está avanzando a un ritmo sin precedentes, remodelando las industrias y redefiniendo las capacidades de la inteligencia artificial. Desde la generación de texto hasta los complejos modelos multimodales que integran texto, imagen y vídeo, GenAI está evolucionando rápidamente, impulsada por los avances en las arquitecturas de aprendizaje automático, el acceso a grandes conjuntos de datos y la creciente potencia de los recursos informáticos. Estas innovaciones están permitiendo a GenAI alcanzar niveles de creatividad, precisión y adaptabilidad que eran inimaginables hace solo unos años, posicionándola como una piedra angular de la próxima revolución tecnológica.

Comprender las tendencias futuras de GenAI es crucial para las organizaciones que buscan mantener una ventaja competitiva. La rápida evolución de esta tecnología presenta tanto oportunidades como desafíos que requieren una planificación estratégica proactiva. Las empresas deben anticipar cómo los avances en GenAI afectarán a sus industrias, comportamientos de los clientes y modelos operativos. Las organizaciones que aprovechan los primeros conocimientos sobre avances como la IA adaptativa en tiempo real o los modelos multimodales de próxima generación pueden aprovechar estas herramientas para crear ofertas diferenciadas, optimizar las operaciones y mejorar las experiencias de los clientes. Perder estas tendencias podría hacer que las empresas tengan dificultades para competir en un mercado cada vez más impulsado por la IA.

La toma de decisiones estratégicas en la era de la GenAI también requiere un enfoque con visión de futuro para la integración y la gobernanza. A medida que las tecnologías GenAI se vuelven más sofisticadas, traen consigo complejidades en áreas como la ética, la seguridad de los datos y la escalabilidad. Las organizaciones que comprendan estas tendencias no solo podrán implementar GenAI de manera efectiva, sino que también abordarán las implicaciones más amplias de su adopción, como la transformación de la fuerza laboral, el cumplimiento normativo y la confianza del cliente. Al adelantarse a las tendencias futuras, las empresas pueden asegurarse de que no son solo participantes en la revolución de la GenAI, sino también líderes que dan forma a su trayectoria.

Avances tecnológicos

El campo de la GenAI está siendo impulsado por avances revolucionarios en el aprendizaje automático, las redes neuronales y la computación cuántica. Las técnicas de aprendizaje automático son cada vez más sofisticadas, lo que permite a los sistemas de IA procesar y analizar conjuntos de datos complejos con mayor velocidad y precisión. Las redes neuronales, en particular las arquitecturas de aprendizaje profundo, se están expandiendo en escala y complejidad, lo que impulsa el desarrollo de modelos más potentes y matizados. En la frontera, la computación cuántica tiene un potencial transformador para la GenAI, ya que ofrece ganancias exponenciales en potencia computacional que podrían acelerar los procesos de capacitación y desbloquear capacidades actualmente limitadas por los recursos informáticos tradicionales.

Un salto significativo en el diseño de redes neuronales es el refinamiento de arquitecturas como los transformadores. Los modelos basados en transformadores, como GPT-4 y GPT-5, continúan estableciendo nuevos puntos de referencia en la comprensión y generación del lenguaje natural. Estas arquitecturas son cada vez más eficientes, lo que les permite manejar conjuntos de datos más grandes y lograr un mayor conocimiento del contexto. Las innovaciones en los mecanismos de atención dispersa están permitiendo que las redes neuronales prioricen los puntos de datos más relevantes, mejorando su eficiencia y haciéndolas más adaptables para aplicaciones del mundo real.

La computación cuántica, aunque todavía se encuentra en sus etapas iniciales, ya se está mostrando prometedora para abordar los cuellos de botella computacionales de la GenAI. Los algoritmos cuánticos pueden optimizar redes neuronales complejas, reducir el consumo de energía y acelerar significativamente el entrenamiento de modelos. A medida que las tecnologías cuánticas maduren, es probable que redefinan los límites de lo que GenAI puede lograr, abriendo posibilidades para simulaciones en tiempo real, experiencias hiperpersonalizadas y avances en áreas como el descubrimiento de fármacos y el modelado climático.

Las capacidades emergentes de GenAI están ampliando aún más su alcance. Los modelos multimodales, que integran texto, imágenes, audio y vídeo en un único marco, son cada vez más avanzados. Estos modelos pueden procesar y generar contenido en múltiples formatos simultáneamente, lo que permite transiciones fluidas entre tipos de medios. Una sola IA multimodal podría generar un video de marketing basado en un mensaje de texto y, al mismo tiempo, producir una voz en off de audio y gráficos que lo acompañen. Esta capacidad tiene un potencial transformador para industrias como el entretenimiento, la educación y el marketing.

El aprendizaje en tiempo real es otro desarrollo innovador en GenAI. A diferencia de los modelos tradicionales de IA, que requieren un reentrenamiento para adaptarse a la nueva información, los algoritmos de aprendizaje en tiempo real pueden actualizarse dinámicamente a medida que procesan los datos. Esto permite que los sistemas GenAI respondan instantáneamente a los cambios en su entorno, lo que los hace invaluables para aplicaciones como vehículos autónomos, traducción en tiempo real y bots de servicio al cliente adaptables. El aprendizaje en tiempo real mejora significativamente la relevancia y la precisión de los resultados de GenAI, lo que garantiza que los sistemas se mantengan actualizados en escenarios que cambian rápidamente.

Los algoritmos adaptativos también están dando forma al futuro de la GenAI. Estos algoritmos permiten a los modelos ajustar su comportamiento en función de los comentarios de los usuarios y las señales contextuales, creando resultados personalizados y sensibles al contexto. Un asistente de escritura de IA podría aprender el tono y las preferencias de estilo de un usuario individual con el tiempo, adaptando sus sugerencias para que coincidan con su voz única. Esta adaptabilidad hace que GenAI esté más centrada en el usuario, lo que mejora su eficacia y adopción en diversas industrias.

Las tecnologías centrales, como las redes generativas adversarias (GAN) y los transformadores avanzados, están desempeñando un papel fundamental en la configuración de la trayectoria de la GenAI. Las GAN, que enfrentan dos redes neuronales entre sí para mejorar la calidad de salida, continúan avanzando en su capacidad para generar imágenes, videos e incluso datos sintéticos hiperrealistas. Estas innovaciones se están utilizando en campos que van desde las artes creativas hasta la investigación médica, donde las GAN se emplean para generar imágenes anatómicas realistas con fines de entrenamiento.

Los transformadores, la columna vertebral de muchos modelos GenAI de última generación, son cada vez más eficientes y versátiles. Innovaciones como los transformadores dispersos y las arquitecturas híbridas están reduciendo la sobrecarga computacional de estos modelos al tiempo que mejoran su rendimiento. Estos avances permiten a los transformadores procesar conjuntos de datos más grandes y lograr una mayor precisión en tareas como la traducción de idiomas, el análisis de sentimientos y el modelado predictivo. Juntos, las GAN y los transformadores no solo están ampliando los límites de las capacidades de GenAI, sino que también democratizan el acceso a herramientas avanzadas de IA al mejorar su escalabilidad y eficiencia.

Impactos específicos de la industria

GenAI está preparada para revolucionar una amplia gama de industrias al introducir capacidades transformadoras que alguna vez se consideraron futuristas. En **el ámbito de la salud**, GenAI está permitiendo avances en medicina personalizada y diagnósticos avanzados. Mediante el análisis de conjuntos de datos complejos, GenAI puede adaptar los tratamientos a cada paciente, optimizar los ensayos clínicos y mejorar las imágenes médicas. En **el comercio minorista**, GenAI está remodelando la interacción con el cliente con contenido generado por IA, experiencias de compra personalizadas y optimización del inventario. **Los servicios financieros** se están transformando a través de una mejor detección de fraudes, comercio algorítmico y automatización del servicio al cliente. Mientras tanto, la **fabricación** se beneficia del mantenimiento predictivo y la optimización de procesos, lo que reduce el tiempo de inactividad y los costes. La industria del entretenimiento está experimentando una explosión de contenido generado por IA, desde actores virtuales hasta experiencias de juego inmersivas, revolucionando los flujos de trabajo creativos y la participación de la audiencia.

Estos avances no solo están remodelando las prácticas de la industria, sino que también están creando oportunidades completamente nuevas para la innovación. GenAI está permitiendo integrar el análisis de datos en tiempo real en los procesos de toma de decisiones, lo que permite a las organizaciones seguir siendo ágiles en entornos que cambian rápidamente. Se espera que el cambio hacia la automatización y la hiperpersonalización redefina las expectativas de los clientes, los roles de la fuerza laboral y los modelos comerciales en todos los sectores. A continuación se muestran ejemplos específicos que ilustran cómo se prevé que GenAI impulse transformaciones específicas de la industria:

- **Medicina personalizada en la atención médica**: los modelos GenAI pueden analizar datos genéticos, clínicos y de estilo de vida para crear planes de tratamiento altamente individualizados. La IA puede recomendar medicamentos o terapias específicas en función del perfil genético único de un paciente, lo que reduce las reacciones adversas y mejora los resultados. GenAI puede simular interacciones farmacológicas y ayudar a diseñar soluciones terapéuticas personalizadas.
- **Contenido generado por IA en marketing: Los** equipos de marketing pueden aprovechar GenAI para crear anuncios personalizados, publicaciones en redes sociales y descripciones de productos. Estos activos generados por IA se alinean con los mensajes de la marca al tiempo que se adaptan dinámicamente a las preferencias de la audiencia. Una herramienta de IA podría generar cientos de variaciones de anuncios adaptadas a diferentes segmentos de clientes, mejorando la participación y las tasas de conversión.
- **Mantenimiento predictivo en la fabricación**: Los sistemas GenAI analizan los datos de los sensores y los registros

operativos para predecir los fallos de los equipos antes de que ocurran. Este enfoque proactivo reduce el tiempo de inactividad, prolonga la vida útil de la maquinaria y ahorra costes. Una fábrica podría usar GenAI para monitorear el rendimiento de los equipos críticos y programar el mantenimiento solo cuando sea necesario.

- **Detección de fraudes impulsada por IA en finanzas**: GenAI mejora la detección de fraudes mediante el análisis de patrones de transacciones en tiempo real para identificar anomalías y señalar actividades sospechosas. Mediante el uso de algoritmos avanzados, GenAI puede detectar incluso comportamientos fraudulentos sutiles que los métodos tradicionales podrían pasar por alto, protegiendo a las instituciones financieras y a sus clientes.

- **Experiencias inmersivas en entretenimiento**: GenAI permite la creación de mundos virtuales hiperrealistas y personajes generados por IA para películas y videojuegos. Las herramientas de GenAI pueden generar animaciones y diálogos realistas, lo que reduce los plazos y los costes de producción, al tiempo que ofrece al público experiencias únicas e interactivas.

Estos ejemplos ilustran el profundo impacto que GenAI tendrá en todas las industrias. Al adoptar estos avances, las empresas pueden desbloquear eficiencias sin precedentes, ofrecer experiencias superiores a los clientes e impulsar la innovación a escala.

Desafíos éticos y regulatorios

El auge de la GenAI introduce profundos dilemas éticos, como la perpetuación de los sesgos, el uso indebido de los contenidos generativos y las violaciones de la privacidad. El sesgo de la IA surge cuando los algoritmos replican inadvertidamente las desigualdades sociales presentes en sus datos de entrenamiento, lo que conduce a resultados discriminatorios. Las herramientas de contratación sesgadas podrían favorecer a ciertos grupos demográficos sobre otros, socavando la equidad. El uso indebido de contenido generativo plantea riesgos significativos, incluida la creación de deepfakes y otras aplicaciones maliciosas. Estas capacidades podrían erosionar la confianza en los ecosistemas digitales y amplificar el daño social. Las preocupaciones sobre la privacidad también se intensifican, ya que GenAI requiere grandes cantidades de datos, que a menudo incluyen información personal confidencial. Sin salvaguardas sólidas, esto podría conducir al acceso no autorizado o a la explotación de datos individuales.

Para abordar estos desafíos, las organizaciones deben adoptar marcos éticos que prioricen la equidad, la transparencia y la rendición de cuentas. La creación de sistemas de IA con conjuntos de datos diversos y representativos es esencial para mitigar el sesgo. Las directrices claras para la autenticidad del contenido pueden ayudar a combatir el uso indebido de las capacidades generativas, mientras que el cifrado avanzado y las prácticas de datos seguras pueden salvaguardar la privacidad. Las consideraciones éticas deben ser parte integral de cada etapa del desarrollo de GenAI, desde el entrenamiento del modelo hasta la implementación, asegurando que las tecnologías de IA beneficien a la sociedad sin daños involuntarios.

A medida que la GenAI se vuelve más omnipresente, la evolución de las regulaciones de la IA es inevitable. Los gobiernos y los organismos reguladores de todo el mundo están desarrollando marcos para garantizar el uso responsable de la IA. Iniciativas como la Ley de IA de la Unión Europea tienen como objetivo clasificar los sistemas de IA en función del riesgo e imponer obligaciones específicas, como la transparencia y la rendición de cuentas, a las aplicaciones de alto riesgo. Las leyes de protección de datos, como el GDPR, también están ampliando su alcance para abordar los desafíos únicos que plantea la GenAI. Estos marcos enfatizan la importancia de la implementación ética de la IA, equilibrando la innovación con el bienestar social.

Las empresas deben anticiparse a estos desarrollos regulatorios y adaptar proactivamente sus prácticas para seguir cumpliendo. El establecimiento de estructuras de gobernanza, como los comités de ética de la IA, puede ayudar a las organizaciones a navegar por el cambiante panorama regulatorio. Las organizaciones también deben invertir en auditorías de cumplimiento y evaluaciones de impacto para identificar y mitigar los riesgos asociados con la implementación de la IA. La colaboración con los reguladores, los grupos de la industria y la sociedad civil será fundamental para dar forma a las políticas que apoyen tanto la innovación como la rendición de cuentas.

Para mantenerse a la vanguardia de los requisitos de cumplimiento, las empresas deben integrar la previsión regulatoria en su planificacion estratega. Esto implica monitorear las políticas emergentes, capacitar a los empleados sobre estándares legales y éticos, e implementar sistemas adaptativos que puedan evolucionar con nuevos mandatos. Las organizaciones también deben aprovechar la tecnología para agilizar los procesos de cumplimiento, como el uso de herramientas de IA para la gobernanza de datos y la generación de informes. Un enfoque proactivo del cumplimiento no solo minimiza los riesgos legales, sino que también genera confianza con las partes interesadas, posicionando a las empresas como innovadoras responsables en el panorama de la IA.

Al abordar los desafíos éticos y regulatorios de frente, las empresas pueden aprovechar el potencial transformador de GenAI y, al mismo tiempo, mitigar los riesgos. La interacción de la previsión ética, la gobernanza sólida y la adaptabilidad regulatoria definirán el éxito de la adopción de GenAI en los próximos años, asegurando que esta tecnología innovadora se implemente de manera responsable y sostenible.

La fuerza laboral del futuro y GenAI

GenAI está preparada para remodelar drásticamente la fuerza laboral mediante la transformación de los roles laborales existentes y la redefinición de los requisitos de habilidades en todas las industrias. Las tareas que tradicionalmente dependían del esfuerzo manual, como el análisis de datos, la creación de contenidos y la interacción con el cliente, están siendo cada vez más aumentadas por la IA, lo que permite a los trabajadores centrarse en actividades de mayor valor como la estrategia, la innovación y la toma de decisiones. Este cambio exige nuevas competencias, como el dominio de las herramientas de IA, la alfabetización de datos y una comprensión profunda de cómo colaborar eficazmente con los sistemas de IA. Las descripciones de los puestos de trabajo evolucionarán para incluir funciones híbridas en las que los humanos y la IA se complementen entre sí, haciendo hincapié en la creatividad, el pensamiento crítico y la adaptabilidad por encima de la ejecución de tareas rutinarias.

La democratización de las herramientas de IA también conducirá a una adopción más amplia de GenAI en roles no técnicos, lo que requerirá que los profesionales de diversos campos integren la IA en sus flujos de trabajo. Los profesionales del marketing tendrán que aprovechar la IA para las campañas personalizadas, mientras que los especialistas en RRHH emplearán la IA para mejorar la adquisición de talento y el compromiso. A medida que la automatización continúa permeando las industrias, las iniciativas de mejora y reciclaje serán primordiales para garantizar que la fuerza laboral siga siendo competitiva y capaz de prosperar en un panorama aumentado por la IA.

El auge de la GenAI también impulsará la creación de nuevas profesiones que se centren en la gobernanza de la IA, la auditoría ética de la IA y la optimización del modelo de GenAI. **Los especialistas en gobernanza de la IA** serán responsables de establecer y mantener políticas que garanticen un uso ético y conforme a la IA dentro de las organizaciones. Estos profesionales colaborarán con los equipos legales, de TI y de negocios para navegar por el complejo entorno regulatorio y alinear las prácticas de IA con los valores corporativos. Los auditores éticos de IA, por otro lado, se centrarán en identificar y mitigar los sesgos, garantizar la equidad y protegerse contra las consecuencias no deseadas de la implementación de la IA. Su experiencia será crucial para generar confianza entre las partes interesadas y los consumidores.

Los optimizadores de modelos de GenAI se especializarán en ajustar los sistemas de IA para casos de uso específicos, maximizando el rendimiento y garantizando la escalabilidad. Estos roles requerirán una combinación de experiencia técnica en aprendizaje automático y conocimiento específico del dominio para adaptar las aplicaciones de IA de manera efectiva. Surgirán roles como **los instructores de IA y los especialistas en explicabilidad** para cerrar la brecha entre los sistemas de IA y los usuarios finales, asegurando que los resultados de la IA sean interpretables, confiables y alineados con los objetivos comerciales. La futura fuerza laboral girará cada vez más en torno a estos roles especializados, lo que subraya la importancia de fomentar la experiencia en IA en todos los niveles de la organización.

La adaptabilidad de la fuerza laboral y el aprendizaje a lo largo de toda la vida serán estrategias esenciales para navegar esta transformación. Las organizaciones deben crear una cultura de aprendizaje continuo, animando a los empleados a adoptar la IA como una herramienta para el crecimiento profesional en lugar de una amenaza para la seguridad laboral. Iniciativas como los programas de alfabetización en IA, las rutas de aprendizaje personalizadas y los talleres colaborativos pueden equipar a los trabajadores con las habilidades necesarias para tener éxito en un entorno impulsado por la IA. Las empresas también deben asociarse con instituciones educativas y grupos de la industria para desarrollar programas de capacitación que aborden las brechas de habilidades emergentes y preparen a las generaciones futuras para carreras centradas en la IA.

Rick Abbott

Empoderar a los empleados con la mentalidad y las herramientas para adaptarse a los rápidos cambios tecnológicos será crucial para el éxito a largo plazo. Las evaluaciones periódicas de la preparación de la fuerza laboral y las inversiones específicas en la mejora de las habilidades pueden ayudar a las organizaciones a mantenerse competitivas en un mercado dinámico. Al alinear el desarrollo de la fuerza laboral con la estrategia de IA, las empresas pueden desbloquear todo el potencial de GenAI al tiempo que fomentan una fuerza laboral ágil, resistente y preparada para el futuro.

Modelos de Negocio Emergentes y Oportunidades

GenAI está marcando el comienzo de una nueva era de innovación, permitiendo a las empresas explorar flujos de ingresos y oportunidades que antes eran inalcanzables. Los servicios de IA basados en suscripciones se están convirtiendo en una tendencia importante, ya que ofrecen herramientas para la creación de contenidos, análisis predictivos y apoyo a la toma de decisiones a través de modelos de precios escalonados. Estos servicios democratizan el acceso a potentes capacidades de IA, lo que permite a empresas de todos los tamaños incorporar herramientas de vanguardia en sus flujos de trabajo sin una inversión inicial significativa. Los mercados impulsados por IA se están convirtiendo en plataformas clave para crear y monetizar productos impulsados por IA, como medios sintéticos, activos publicitarios dinámicos y modelos personalizados adaptados a industrias específicas.

Además de los flujos de ingresos directos, GenAI está impulsando nuevas oportunidades en eficiencia operativa y optimización de la cadena de valor. Las empresas están aprovechando la información generada por la IA para predecir la demanda de los consumidores, optimizar el inventario y agilizar las operaciones de la cadena de suministro. Estas eficiencias no solo reducen los costos, sino que también permiten a las empresas asignar recursos hacia la innovación y el crecimiento estratégico. Sectores como el del entretenimiento y la sanidad están experimentando el auge de las aplicaciones de IA monetizadas, como los asistentes virtuales y las simulaciones mejoradas con IA, que ofrecen un valor transformador al tiempo que crean nuevas fuentes de ingresos.

GenAI también está redefiniendo los modelos de interacción con el cliente al permitir contenido hiperpersonalizado y análisis predictivos. Las empresas ahora pueden anticiparse a las necesidades y preferencias de los clientes con una precisión sin precedentes,

185

ofreciendo experiencias personalizadas que impulsan la lealtad y la retención. Las plataformas de comercio electrónico pueden ajustar dinámicamente las recomendaciones de productos, mientras que las empresas de medios de comunicación crean contenido seleccionado por IA que se alinea con los intereses individuales de los espectadores. Las capacidades predictivas permiten a las empresas interactuar con los clientes de forma proactiva, identificando los posibles puntos débiles o las oportunidades de interacción antes de que surjan. Este nivel de personalización impulsa no solo la satisfacción, sino también mayores tasas de conversión y relaciones a largo plazo con los clientes.

Los ecosistemas colaborativos que están surgiendo en torno a la GenAI son igualmente transformadores, ya que las asociaciones y las iniciativas de codesarrollo difuminan los límites tradicionales de la industria. Las empresas están formando alianzas para integrar la experiencia en IA con el conocimiento del dominio, fomentando la innovación en todos los sectores. Una marca minorista puede asociarse con una empresa de IA para desarrollar un motor de personalización patentado, mientras que una institución financiera colabora con una startup de IA para crear algoritmos avanzados de detección de fraudes. Estos ecosistemas amplifican las capacidades de todos los participantes, acelerando el progreso y ampliando las aplicaciones potenciales de la GenAI.

Más allá de las aplicaciones específicas de la industria, las asociaciones de GenAI están creando paradigmas de colaboración completamente nuevos. Las comunidades de código abierto y las iniciativas de datos compartidos están impulsando la innovación al poner en común recursos y experiencia, lo que permite a las empresas abordar desafíos complejos de manera colectiva. Estos ecosistemas no se limitan a la tecnología, sino también a los valores compartidos, como la transparencia, la inclusión y las prácticas éticas de IA. Ofrecen un camino sostenible para aprovechar la IA a escala, al tiempo que fomentan la confianza y la responsabilidad entre las partes interesadas.

Los siguientes son ejemplos de modelos de negocio que podrían surgir a medida que GenAI continúa evolucionando:

1. **IA como servicio (AIaaS):** Las empresas pueden ofrecer herramientas de IA, como la generación de texto, la síntesis de imágenes y el análisis de datos en tiempo real, a través de

plataformas de suscripción. Estos servicios permiten a los usuarios acceder a capacidades avanzadas de IA sin necesidad de experiencia o infraestructura internas, lo que permite a las pequeñas y medianas empresas (pymes) competir con organizaciones más grandes.

2. **Mercados de contenido dinámico:** Las plataformas que alojan y venden activos generados por IA, como el arte digital, la música y los modelos 3D, pueden proporcionar a los creadores nuevas vías de monetización. Estos mercados ofrecen a los compradores una amplia gama de contenido personalizable y de alta calidad a una fracción de los costos de producción tradicionales.

3. **Plataformas de salud personalizadas:** Aprovechando GenAI, estas plataformas podrían ofrecer soluciones de atención médica personalizadas, como planes de tratamiento generados por IA, recomendaciones de nutrición o apoyo a la salud mental. Al analizar los datos de salud individuales, estos modelos mejoran los resultados y la satisfacción del paciente, al tiempo que abren las puertas a los servicios de atención médica basados en suscripción.

4. **Sistemas de aprendizaje adaptativo:** Las plataformas educativas impulsadas por IA pueden ajustar dinámicamente el contenido y los estilos de enseñanza en función de los perfiles individuales de los alumnos. Estos sistemas crean experiencias de aprendizaje personalizadas que mejoran la retención y el compromiso, atrayendo tanto a las instituciones educativas tradicionales como a los programas de formación corporativos.

5. **Ecosistemas integrados de IA:** Las empresas pueden crear ecosistemas integrados en los que la GenAI mejora múltiples funciones empresariales simultáneamente. Un ecosistema minorista podría utilizar la IA para experiencias de compra personalizadas, estrategias de precios dinámicos y optimización logística, impulsando el crecimiento holístico y la eficiencia operativa.

La aparición de estos modelos subraya el potencial ilimitado de GenAI para remodelar las industrias, crear valor e impulsar la innovación. A medida que las organizaciones exploran estas oportunidades, deben seguir siendo ágiles y con visión de futuro para mantenerse a la vanguardia en un panorama cada vez más competitivo.

Recomendaciones Estratégicas para las Organizaciones

Para prepararse de manera efectiva y capitalizar las tendencias transformadoras en GenAI, las organizaciones deben adoptar un enfoque proactivo y con visión de futuro. Esto comienza con la construcción de una comprensión integral de cómo las tecnologías emergentes de GenAI se alinean con sus objetivos comerciales a largo plazo. Las empresas deben establecer equipos o departamentos dedicados a monitorear los avances tecnológicos, evaluar sus impactos potenciales e identificar oportunidades de implementación. **Igualmente importante es fomentar una cultura de adaptabilidad, en la que se anime a los empleados a adoptar la innovación y aprender nuevas habilidades para seguir siendo relevantes en un lugar de trabajo impulsado por la IA.**

Además de adoptar la tecnología, las organizaciones también deben desarrollar un marco sólido para la experimentación y ejecución estratégicas. Comenzar con pilotos a pequeña escala permite a las empresas validar las aplicaciones de GenAI, medir su impacto y afinar las estrategias antes de escalar. La revisión y el perfeccionamiento periódicos de estas iniciativas garantiza que las herramientas de GenAI sigan aportando valor frente a la dinámica cambiante del mercado. Las organizaciones deben incorporar consideraciones éticas y regulatorias en sus procesos de toma de decisiones, garantizando la adopción responsable y sostenible de la IA.

El liderazgo impulsado por la innovación es fundamental para navegar por las complejidades de la revolución de la GenAI. Los líderes deben cultivar una mentalidad organizacional que priorice el aprendizaje continuo y la resolución creativa de problemas. Las estructuras organizativas ágiles, caracterizadas por equipos multifuncionales y una toma de decisiones descentralizada, permiten a las empresas responder rápidamente a los cambios tecnológicos. La inversión sostenida en investigación y desarrollo de GenAI es otro factor vital. Al asignar recursos para explorar avances de vanguardia, las empresas pueden mantener una ventaja competitiva e impulsar una innovación significativa en sus industrias.

Las asociaciones y colaboraciones desempeñarán un papel fundamental a la hora de navegar por las complejidades de un futuro impulsado por la IA. La interacción con instituciones de investigación de IA, proveedores de tecnología y consorcios industriales permite a las organizaciones acceder a diversos conocimientos y recursos compartidos. Los ecosistemas colaborativos fomentan la innovación al poner en común conocimientos, datos e infraestructura para resolver desafíos de manera colectiva. Las empresas también pueden beneficiarse de las asociaciones con empresas emergentes, que a menudo aportan nuevas perspectivas y capacidades especializadas. La construcción de estas alianzas no solo acelera la adopción tecnológica, sino que también mejora la resiliencia organizacional frente a los cambios rápidos.

A medida que las organizaciones se embarcan en su viaje hacia la GenIA, es esencial fomentar la confianza y la transparencia en las asociaciones. La comunicación abierta y la alineación de los objetivos garantizan que todas las partes interesadas trabajen para obtener resultados compartidos. El desarrollo conjunto de soluciones con socios permite la personalización y la escalabilidad, lo que permite a las organizaciones abordar mejor sus desafíos únicos. Al aprovechar estratégicamente las colaboraciones, las empresas pueden navegar por el panorama de la GenAI con confianza, desbloqueando nuevas oportunidades de crecimiento e innovación.

Conclusión: Preparándose para el futuro impulsado por la GenIA

La rápida evolución de las tecnologías de GenAI está remodelando las industrias, creando oportunidades sin precedentes y planteando desafíos complejos. Las organizaciones que se adapten de forma proactiva a este panorama cambiante estarán mejor posicionadas para prosperar en el futuro impulsado por la GenIA. Un elemento central de esta transformación es la comprensión de cómo GenAI se alinea con los objetivos estratégicos, ya sea permitiendo la hiperpersonalización, mejorando la toma de decisiones o impulsando la eficiencia operativa. A medida que las capacidades de GenAI continúan expandiéndose, las empresas deben seguir siendo flexibles y estar listas para integrar las innovaciones emergentes en sus flujos de trabajo.

Una de las conclusiones más significativas es la importancia de desarrollar una cultura organizacional que abarque la innovación, el aprendizaje continuo y la colaboración. La integración de GenAI en diversas funciones, desde marketing y finanzas hasta operaciones y estrategia, requerirá que los empleados de todos los niveles estén bien versados en las herramientas y conceptos de IA. Preparar a la fuerza laboral a través de iniciativas específicas de mejora de habilidades y fomentar la colaboración interfuncional será fundamental para desbloquear todo el potencial de GenAI. Las organizaciones deben adoptar marcos éticos sólidos para garantizar que las implementaciones de GenAI sean responsables, imparciales y estén alineadas con los valores sociales.

Invertir en asociaciones, investigación e infraestructura es igualmente vital para el éxito en un mundo impulsado por la GenIA. Las empresas que establezcan alianzas estratégicas con proveedores de tecnología, instituciones de investigación y colegas de la industria obtendrán acceso a avances de vanguardia y experiencia compartida. Los modelos ágiles de infraestructura y gobernanza permitirán a las organizaciones responder rápidamente a las tendencias emergentes, mientras que las inversiones sostenidas en investigación de IA asegurarán su ventaja competitiva. Al priorizar la innovación y la colaboración, las empresas pueden posicionarse como líderes en sus respectivas industrias.

A medida que evoluciona el panorama de la GenAI, la vigilancia y la agilidad serán esenciales. Las organizaciones deben monitorear continuamente los avances, anticiparse a las interrupciones e iterar en sus estrategias para mantenerse a la vanguardia. Aquellos que permanezcan adaptables, prioricen la innovación y se comprometan con las prácticas éticas no solo tendrán éxito, sino que también darán forma al futuro de sus industrias. Al adoptar el poder transformador de GenAI con una mentalidad proactiva y estratégica, las empresas pueden navegar por los desafíos de esta nueva era y aprovechar sus vastas oportunidades.

APÉNDICE A: MODELO DE MADUREZ DE ADOPCIÓN DE GENAI (AMM)

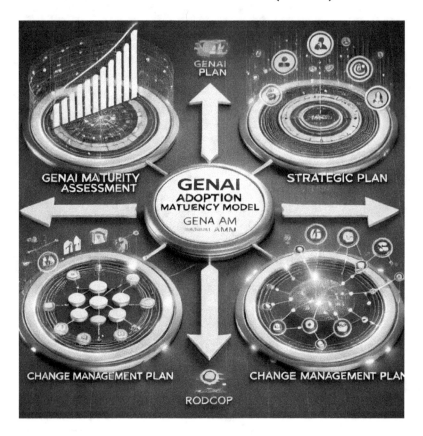

Introducción al marco GenAI AMM

El AMM de GenAI es un marco estructurado diseñado para ayudar a las organizaciones a comprender y navegar por las complejidades de la adopción e integración de tecnologías de GenAI. Este modelo es una herramienta fundamental para que las empresas de todos los tamaños evalúen sus capacidades actuales con GenAI, planifiquen sus estrategias de adopción y optimicen el uso de esta tecnología transformadora.

Entendiendo el marco

El AMM de GenAI categoriza la madurez organizacional en seis niveles distintos, cada uno de los cuales representa un grado de integración y sofisticación en el uso de GenAI. Estos niveles van desde el Nivel 0 (Incompleto) hasta el Nivel 5 (Optimización). Las organizaciones avanzan a través de estas etapas a medida que mejoran sus capacidades, políticas y marcos operativos para implementar GenAI de manera efectiva. Las categorías de evaluación incluyen:

- Desarrollo de modelos GenAI
- Uso de GenAI
- Preparación organizacional
- Política y gobernanza
- Arquitectura de seguridad
- Capacitación y soporte

Para cada nivel de madurez, el modelo destaca los riesgos asociados y describe los próximos pasos clave para guiar a las organizaciones hacia niveles más altos de adopción y optimización.

Los seis niveles de madurez de GenAI

- **Nivel 0 - Incompleto -** En esta etapa fundacional, la organización carece de cualquier implementación de GenAI. La concienciación y las políticas específicas con respecto a la GenAI son mínimas o inexistentes.
- **Nivel 1 - Inicial -** La organización comienza a experimentar con iniciativas aisladas de GenAI. Su uso es escaso y, aunque se reconoce su potencial, aún no se ha desarrollado un enfoque formalizado o un marco normativo.
- **Nivel 2 - Gestionado -** La adopción de GenAI se vuelve más sistemática, con modelos y aplicaciones personalizados implementados por proyecto. Las políticas están algo definidas, pero siguen siendo fragmentadas e incompletas.
- **Nivel 3 - Definido -** Las organizaciones establecen procesos estandarizados para implementar GenAI en todos los proyectos. Las políticas interdepartamentales garantizan la coherencia y la alineación con los objetivos empresariales más amplios.
- **Nivel 4 - Gestión cuantitativa -** El uso de GenAI está optimizado con enfoques basados en datos y el rendimiento se mide cuantitativamente. Las políticas se evalúan continuamente para determinar su eficacia y su alineación con los objetivos estratégicos.
- **Nivel 5 - Optimización -** En esta etapa avanzada, las tecnologías de GenAI están completamente integradas en todas las operaciones comerciales. La organización se centra

en la mejora continua a través de modelos de autooptimización y una cultura de refinamiento.

Importancia del AMM de GenAI

Un modelo de madurez proporciona un camino estructurado para las organizaciones, asegurando que su adopción de GenAI sea sistemática y coordinada. Esto es particularmente importante dada la naturaleza compleja de las tecnologías GenAI, que requieren una integración cuidadosa en los sistemas y flujos de trabajo existentes.

Uno de los principales beneficios de adoptar GenAI AMM es la **mejora de la toma de decisiones**. Al evaluar sistemáticamente su nivel actual de madurez e identificar áreas específicas de mejora, las organizaciones pueden tomar decisiones más informadas sobre dónde invertir en actualizaciones o capacitación. Este enfoque estratégico ayuda a maximizar el potencial de las tecnologías GenAI, asegurando que se utilicen de manera efectiva para lograr los objetivos comerciales.

La mejora de la eficiencia es otro beneficio significativo de utilizar el AMM de GenAI. Las organizaciones pueden optimizar los procesos y reducir el esfuerzo desperdiciado identificando e implementando las mejores prácticas para cada nivel de madurez. En niveles de madurez más altos, GenAI puede automatizar tareas rutinarias, liberar recursos para proyectos más complejos y aumentar la velocidad general de las operaciones. Esto conduce a una mayor productividad y potencialmente menores costos operativos.

La gestión de riesgos también se mejora en gran medida con el AMM de GenAI. El modelo ayuda a las organizaciones a anticipar los riesgos asociados con la implementación de GenAI, como vulnerabilidades de seguridad o problemas de cumplimiento. Al avanzar en el modelo de madurez, las organizaciones pueden implementar estrategias de gestión de riesgos más sofisticadas, asegurándose de identificar los riesgos temprano y tener mecanismos sólidos para mitigarlos. Este enfoque proactivo de la gestión de riesgos es esencial para mantener la confianza y proteger los activos de la organización.

El AMM de GenAI es una herramienta invaluable para cualquier organización que busque aprovechar el poder de GenAI. Guía a las empresas en el desarrollo de un enfoque sistemático para la adopción, maximizando los beneficios de la tecnología y minimizando los riesgos asociados.

Conclusión

GenAI AMM ayuda a las empresas a comprender sus capacidades actuales y proporciona una hoja de ruta clara para el crecimiento y la mejora. Los niveles estructurados del modelo, desde el conocimiento inicial y la aplicación ad-hoc hasta los procesos totalmente optimizados e integrados, permiten a las organizaciones evaluar su progreso y planificar de manera realista los avances futuros.

Las organizaciones se beneficiarán de la evaluación de su posición dentro de GenAI AMM. La identificación de su nivel actual puede poner de relieve las áreas que necesitan mejoras y ayudar a elaborar estrategias para los próximos pasos hacia integraciones más avanzadas de GenAI. Los beneficios de avanzar a través del modelo de madurez van desde la mejora de la eficiencia operativa y la capacidad de toma de decisiones hasta la mejora de la innovación, la ventaja competitiva en el mercado y la mitigación de riesgos. Es crucial que las empresas adopten las tecnologías de GenAI y las integren de manera profunda y reflexiva en sus marcos operativos y estratégicos.

APÉNDICE B: OFICINA DE GESTIÓN DE PROGRAMAS DE IA (PMO)

Imperativo para una función de gestión de programas de IA

La integración de la IA en las operaciones empresariales conlleva numerosos desafíos. Las empresas a menudo se enfrentan a la complejidad técnica de las soluciones de IA, lo que requiere una inversión sustancial en infraestructura y experiencia. Las consideraciones éticas también son importantes, ya que las empresas deben sortear los problemas de sesgo, privacidad y responsabilidad en los procesos de toma de decisiones de IA. La implementación de la IA requiere una gestión eficaz del cambio para garantizar una adopción fluida y minimizar la resistencia del personal que puede temer la obsolescencia.

Algunos desafíos críticos con la configuración de una PMO de IA incluyen:

- **Asignación y planificación de recursos:** determinar los recursos ideales para trabajar en iniciativas de IA y liberar esos recursos de sus tareas diarias.

- **Comunicación con las partes interesadas:** Comunicar de manera efectiva el papel y el impacto potencial de la IA a diversos grupos de partes interesadas con diferentes intereses y perspectivas.

- **Gestión del presupuesto:** garantizar que los proyectos de IA se mantengan dentro de los presupuestos asignados al tiempo que se gestionan los rápidos cambios en el panorama tecnológico de la IA.

- **Gestión del cambio:** Liderar una organización a través del cambio que conlleva la implementación de una PMO de IA requiere una planificación y ejecución cuidadosas.

- **Brecha de habilidades:** Identificar y abordar la falta de experiencia y conocimiento interno en IA dentro de la fuerza laboral existente es fundamental para una implementación exitosa.

- **Resistencia cultural: Superar** el escepticismo y la resistencia a la IA entre los empleados que pueden temer el desplazamiento laboral o cambios significativos en su flujo de trabajo.

- **Infraestructura técnica:** Construir o actualizar la infraestructura técnica existente para respaldar las capacidades de IA puede ser una tarea importante.

- **Cumplimiento normativo:** Navegar por el complejo panorama legal que rodea a la IA, incluidas las leyes de privacidad de datos y los estándares éticos, es un desafío continuo.

- **Integración con los procesos existentes:** La integración de las soluciones de IA en los flujos de trabajo y procesos existentes puede ser difícil, especialmente si esos procesos no están diseñados para aprovechar plenamente las capacidades únicas de la IA.

- **Problemas de estandarización:** La falta de estandarización en las herramientas y formatos de datos de IA puede dar lugar a ineficiencias y problemas de compatibilidad que complican la gestión y el despliegue de proyectos de IA.

Una PMO de IA sirve para definir y supervisar los objetivos de los proyectos de IA, asegurándose de que se alineen con los objetivos estratégicos y las directrices éticas de la empresa. Esta PMO especializada trabaja en conjunto con PMO de TI o de negocios más amplias (si están establecidas), actuando como un puente entre las iniciativas de IA y las estrategias tecnológicas de toda la empresa. Desde el punto de vista estratégico, una PMO de IA desempeña un papel fundamental a la hora de alinear las iniciativas de IA con los objetivos empresariales, garantizando que las soluciones de IA impulsen la ventaja competitiva y la excelencia operativa. La formulación de una PMO de IA requiere una planificación estratégica y una cuidadosa consideración de lo siguiente:

- **Defina objetivos claros:** establezca metas específicas y medibles alineadas con los objetivos comerciales generales para garantizar que las iniciativas de IA estén impulsadas por un propósito.
- **Cree una estrategia de IA sólida:** cree una estrategia integral de IA que aborde desafíos complejos y describa un camino claro hacia la integración de la IA.
- **Desarrollar la infraestructura técnica:** Garantizar que la organización tenga la base tecnológica necesaria, incluida la arquitectura de datos y los recursos informáticos, para respaldar la adopción exitosa de las tecnologías de IA.
- **Asegure la aceptación del liderazgo:** Obtenga el compromiso de la alta dirección para proporcionar el apoyo y los recursos necesarios para el programa de IA.
- **Cultive el talento y la experiencia:** invierta en la contratación y formación de personal con experiencia en IA para liderar y ejecutar una iniciativa de IA.
- **Priorizar el uso ético de la IA:** Implementar directrices y prácticas que garanticen que las consideraciones éticas sean fundamentales para la implementación de la IA.
- **Garantice la escalabilidad:** cree sistemas de IA que puedan escalar con el crecimiento de la organización y adaptarse a la evolución de las tecnologías de IA.
- **Promover la colaboración interfuncional:** Fomentar la colaboración entre la PMO de IA y los diferentes departamentos para integrar la IA sin problemas en todas las áreas de la organización.
- **Concéntrese en la gestión del cambio organizacional:** aborde el elemento humano preparando a la fuerza laboral para la adopción de la IA y gestionando la transición de manera efectiva.
- **Mida el impacto y el rendimiento:** implemente métricas y KPI para realizar un seguimiento del rendimiento y el

impacto de las iniciativas de IA, garantizando la alineación con los objetivos estratégicos.

Al integrar una PMO de IA en la estructura de una PMO de tecnología en toda la empresa, las organizaciones pueden garantizar que las iniciativas de IA no estén aisladas, sino que sean parte integral del avance tecnológico general de la empresa.

Conclusión

La integración de la IA en los procesos empresariales no es una mera mejora, sino una fuerza transformadora que remodela el talento, la tecnología, las operaciones, la estrategia y la dinámica competitiva. Una PMO de IA es esencial para dirigir esta transformación, garantizando que las iniciativas de IA estén en sintonía con los objetivos y valores de la organización.

APÉNDICE C: CENTRO DE EXCELENCIA (COE) DE IA

Definición del Centro de Excelencia (CoE) de IA

Un CoE de IA sirve como epicentro de las iniciativas de IA dentro de una organización. Es una unidad centralizada que no solo fomenta la innovación y la experiencia en IA, sino que también estandariza las prácticas y apoya a toda la organización en la adopción e integración de la IA.

Los objetivos principales de un CoE de IA incluyen:

- **Promover la alfabetización y la experiencia en IA:** Elevar la comprensión y las habilidades en toda la organización, garantizando un lenguaje y una base de conocimientos comunes sobre las tecnologías y metodologías de IA.

- **Guiar la estrategia y la implementación de la IA:** Establecer una hoja de ruta estratégica para la implementación de la IA que se alinee con los objetivos de la organización y dirigir la ejecución de esta estrategia a través de las mejores prácticas y marcos probados.
- **Facilitar la colaboración:** Actuar como conducto entre los diferentes departamentos y equipos, garantizando que los proyectos de IA se beneficien de la experiencia y los conocimientos multifuncionales.
- **Acelerar la innovación:** fomentar e incubar proyectos innovadores de IA que puedan ofrecer ventajas competitivas y eficiencias operativas.
- **Garantizar el uso ético** de la IA: Desarrollar políticas y normas que promuevan el uso responsable de la IA, respetando la privacidad, la mitigación de sesgos y la transparencia.
- **Confirmar el cumplimiento normativo:** Mantenerse al tanto de las leyes y normativas aplicables y supervisar el uso de la IA en toda la organización para comprobar su cumplimiento.
- **Seguimiento del rendimiento y el impacto:** Seguimiento de la eficacia de los proyectos de IA y garantía de que cumplan los resultados previstos y el retorno de la inversión.

El papel de un CoE de IA dentro de una organización es multifacético. Sirve como un grupo de reflexión, un centro de conocimientos, una incubadora para la innovación y un guardián de los estándares, las regulaciones y la ética en las aplicaciones de IA. Al implementar un marco de gobernanza para las iniciativas de IA, el CdE de la IA:

- **Establece estándares de gobernanza:** Establece pautas y protocolos claros para el desarrollo, la implementación y la supervisión de sistemas de IA.
- **Gestiona los riesgos:** Identifica los riesgos potenciales asociados a los proyectos de IA y desarrolla estrategias para mitigarlos.
- **Garantiza el cumplimiento:** Supervisa los proyectos de IA para verificar el cumplimiento de las políticas internas y las regulaciones externas.
- **Evalúa las inversiones en IA:** supervisa el proceso de evaluación de las inversiones y decisiones relacionadas con la

IA en función de una comprensión profunda de su
importancia estratégica y su impacto potencial.

- **Cultiva una cultura de IA responsable:** inculca una cultura
de uso ético de la IA, garantizando que las soluciones de IA
se diseñen e implementen de manera que se alineen con las
normas y valores sociales.

Al defender estos principios, un CoE de IA actúa como una base
sobre la cual las organizaciones pueden construir sus capacidades de
IA, asegurando que las tecnologías de IA se aprovechen de manera
efectiva y responsable para impulsar la transformación y crear valor.

Participación de las partes interesadas

La participación de las partes interesadas es esencial para garantizar el
éxito de la implementación de cualquier CoE, especialmente en el
ámbito de la IA, donde el impacto es generalizado y significativo.
Involucrar a las partes interesadas no consiste simplemente en
informarles de las actividades del CoE, sino más bien en involucrarlas
activamente en el proceso de toma de decisiones. Esto es clave para
fomentar un ambiente de colaboración y entendimiento mutuo.

Para lograr esto, el proceso debe comenzar con la identificación de
todas las partes interesadas potenciales, reconociendo sus intereses
específicos, su influencia y el papel que desempeñarán en el CoE de la
IA. Después de esto, se debe desarrollar un plan de participación
detallado, que aborde el nivel de interés e influencia de cada parte
interesada. El compromiso debe ser multidireccional y significativo,
asegurando que las partes interesadas no solo reciban información,
sino que también proporcionen retroalimentación.

Un compromiso significativo también significa garantizar que las
partes interesadas comprendan los beneficios potenciales del CoE de
IA y tengan un sentido de propiedad sobre su éxito. Esto requiere
una comunicación clara y coherente, transparencia sobre los objetivos
del proyecto y las formas en que AI CoE se alinea con los objetivos
más amplios de la organización. Las partes interesadas deben estar
seguras de que sus preocupaciones y sugerencias son escuchadas y
consideradas, lo que a su vez puede aumentar en gran medida la
aceptación.

Para que un CoE tenga éxito, es vital calcular los beneficios
financieros en comparación con los costos incurridos para la

adopción de la IA. Este análisis debe abarcar tanto las ganancias financieras directas, como el aumento de los ingresos y el ahorro de costes, como los beneficios indirectos, como la mejora de la satisfacción del cliente, el posicionamiento en el mercado y las ventajas estratégicas a largo plazo.

Deben establecerse indicadores clave de rendimiento (KPI) para supervisar la eficacia del CoE de la IA. Estas métricas pueden incluir la eficiencia operativa, las tasas de error, los niveles de compromiso del cliente y la productividad de los empleados. La evaluación de estos KPI antes y después de la adopción de la IA proporciona pruebas cuantificables del impacto en los procesos empresariales. El análisis debe tener en cuenta la escalabilidad de las soluciones de IA y su capacidad para adaptarse a las necesidades empresariales cambiantes. El valor a largo plazo de la IA radica en su capacidad para aprender y mejorar continuamente, impulsando así la optimización y la innovación continuas de los procesos.

El análisis del retorno de la inversión y del impacto también debe tener en cuenta los costes de la gestión del cambio, la formación del personal y las posibles interrupciones durante el periodo de transición. Una estrategia integral de IA incluye una hoja de ruta clara para la adopción que minimice estos costos y alinee las iniciativas de IA con los objetivos de mejora de los procesos comerciales.

Infraestructura y Tecnología

Para que un CoE de IA funcione eficazmente, es crucial establecer una infraestructura y un marco tecnológico sólidos que puedan respaldar las capacidades analíticas avanzadas y de IA. Este marco debe incluir:

- **Herramientas de colaboración:** integre herramientas que fomenten la colaboración entre expertos en IA, profesionales de TI y partes interesadas de la empresa. Estas herramientas deben respaldar el intercambio de conocimientos, la gestión de modelos y la documentación de las mejores prácticas y aprendizajes.
- **Plataformas de desarrollo de IA:** Adopte plataformas que faciliten el desarrollo, el entrenamiento y la implementación de modelos de IA. Estos deben proporcionar soporte para varios marcos y bibliotecas de aprendizaje automático, así como ofrecer herramientas para el control de versiones y la colaboración entre científicos de datos.

- **Potencia informática y almacenamiento:** aproveche los recursos informáticos de alto rendimiento capaces de procesar grandes conjuntos de datos y ejecutar algoritmos de IA complejos. Esto puede implicar centros de datos locales con potentes servidores de GPU o, más probablemente, soluciones basadas en la nube que ofrezcan potencia informática escalable.

- **Infraestructura de datos:** La gestión eficiente de datos es la base de cualquier sistema de IA y requiere un conjunto completo de técnicas para procesar, almacenar y organizar datos. Es fundamental establecer una infraestructura de datos segura, confiable y accesible mediante la implementación de almacenes o lagos de datos que puedan manejar datos estructurados y no estructurados, lo que garantiza que se mantengan la gobernanza y la calidad de los datos.

- **Medidas de seguridad:** Aplique rigurosas medidas de seguridad para proteger los datos y modelos de IA, incluido el cifrado de datos en reposo, rigurosos controles de acceso y mecanismos de autenticación, y sistemas continuos de supervisión y detección de amenazas para protegerse contra el acceso no autorizado y las posibles infracciones.

- **Herramientas de supervisión y gestión:** utilice herramientas para supervisar el rendimiento de los sistemas de IA, gestionar las operaciones de aprendizaje automático (MLOps) y garantizar que los modelos sigan siendo precisos y justos a lo largo del tiempo

Invertir en estas áreas proporcionará al CoE de IA la columna vertebral tecnológica necesaria para innovar y liderar iniciativas de IA dentro de la organización.

Garantizar la escalabilidad de la empresa

Escalar las soluciones de IA en una empresa es crucial para mantener la agilidad y la competitividad. Para garantizar la escalabilidad, se debe tener en cuenta lo siguiente a la hora de crear el CoE de IA:

- **Implementar marcos de gobernanza:** Desarrollar marcos de gobernanza integrales para supervisar las iniciativas de IA. Esto incluye el establecimiento de protocolos para el uso de datos, el desarrollo de modelos y consideraciones éticas, así como la garantía del cumplimiento de las regulaciones pertinentes.

- **Desarrollar una infraestructura escalable:** Establezca una infraestructura escalable que pueda adaptarse a las crecientes demandas sin pérdida de rendimiento. Esto puede incluir recursos de computación en la nube y tecnologías de contenedorización para facilitar la implementación y la gestión de aplicaciones de IA.

- **Procesos de MLOps:** implemente prácticas sólidas de MLOps (operaciones de aprendizaje automático) para optimizar la implementación, la supervisión y el reentrenamiento continuo de modelos. Esto garantiza que los modelos sigan siendo fiables y eficaces en los entornos de producción.

- **Estandarizar la integración de IA:** Cree y aplique estándares para la integración de IA, que faciliten una incorporación más fluida de aplicaciones de IA en los sistemas existentes. Esto garantiza la compatibilidad y reduce la complejidad, lo que permite un escalado sin problemas entre varios departamentos y funciones.

- **Adopte la modularidad:** diseñe soluciones de IA para que sean modulares, lo que permite que los componentes individuales se actualicen o reemplacen sin afectar a todo el sistema. Este enfoque ayuda a escalar y mantener las soluciones de IA a lo largo del tiempo.

- **Abordar la deuda técnica:** Sea proactivo a la hora de abordar la deuda técnica, es decir, tecnología obsoleta o ineficiente que dificulta los esfuerzos de ampliación. Planifique el reemplazo o la actualización gradual de los sistemas heredados para admitir nuevas capacidades de IA.

- **Intercambio de conocimientos:** Facilitar repositorios de conocimientos y plataformas de colaboración para promover el intercambio de mejores prácticas y activos de IA en toda la organización.

- **Fomentar una cultura de aprendizaje continuo:** Fomentar una cultura en la que se valore la mejora continua y el aprendizaje. A medida que la tecnología de IA evoluciona, también debe hacerlo el uso que la organización hace de ella, garantizando que las soluciones sigan siendo eficaces y escalables.

Al seguir estas estrategias al establecer un CoE de IA, una organización puede escalar eficazmente sus soluciones de IA, asegurándose de que sigan siendo sólidas, eficientes y alineadas con los objetivos empresariales.

Consideraciones regulatorias y éticas

Al desarrollar e implementar tecnologías de IA, las organizaciones deben navegar por un panorama complejo de requisitos regulatorios y consideraciones éticas. Esto incluye garantizar la privacidad de los datos, asegurar el consentimiento informado y mantener la equidad en los algoritmos de IA para evitar sesgos. Las consideraciones clave incluyen alinear las prácticas de IA con el GDPR en Europa, la CCPA en California y otras leyes de protección de datos relevantes a nivel mundial. El uso ético de la IA también abarca la transparencia en los procesos de toma de decisiones de IA, garantizando que los sistemas de IA no perpetúen ni amplifiquen sesgos injustos. Las organizaciones deben establecer directrices y marcos claros para abordar estos problemas, fomentando la confianza y la responsabilidad en sus aplicaciones de IA.

Estos son algunos pasos y consideraciones importantes:

- **Comprender y cumplir con las leyes:** Familiarícese con el RGPD, la CCPA y otras normativas de protección de datos que afectan a la IA.
- **Auditoría de equidad y sesgo:** Revise periódicamente los algoritmos de IA para asegurarse de que estén libres de sesgos injustos.
- **Garantizar la transparencia:** Implementar medidas para que los procesos de decisión de la IA sean claros para los usuarios y las partes interesadas.
- **Establecer directrices éticas:** Crear un conjunto de principios éticos que guíen el desarrollo y el uso de la IA.
- **Implementar marcos de gobernanza:** Establezca estructuras para la supervisión, las revisiones éticas y las comprobaciones de cumplimiento.
- **Participe en el aprendizaje continuo:** manténgase actualizado con la evolución de las regulaciones y los estándares éticos en IA.
- **Promover la rendición de cuentas:** Desarrollar mecanismos para abordar de manera responsable los impactos negativos de los sistemas de IA.

Conclusión

El establecimiento de un CoE de IA marca un paso fundamental para aprovechar el poder transformador de la IA dentro de las organizaciones. A través de estudios de casos detallados, hemos visto el impacto práctico de la IA en el diagnóstico sanitario y el servicio al cliente, lo que subraya la importancia de los datos de calidad, las consideraciones éticas y la integración perfecta de la IA y la experiencia humana.

APÉNDICE D: ESTUDIOS DE CASO

1. Estrategia y planificación corporativa: integración de la IA de General Electric en todas las unidades de negocio

Solución específica: General Electric (GE) implementó un sistema impulsado por GenAI para integrar los datos de los proveedores en sus diversas unidades de negocio. Este sistema utiliza algoritmos de aprendizaje automático para agregar y analizar datos de compras, proporcionando información completa para optimizar las relaciones con los proveedores y reducir las redundancias.

Beneficios:

- **Ahorros:** GE ahorró 80 millones de dólares en los últimos años al eliminar las ineficiencias en los procesos de adquisición y aprovechar los conocimientos de los datos para negociar mejores contratos con los proveedores.

Rick Abbott

- **Eficiencia operativa:** Al integrar datos de unidades previamente aisladas, GE agilizó los procesos de toma de decisiones, reduciendo los retrasos en las adquisiciones y mejorando la alineación con los objetivos estratégicos.
- **Ventaja competitiva:** La visibilidad mejorada de los datos permitió a GE priorizar los esfuerzos de sostenibilidad y adaptarse de manera más ágil a los cambios del mercado, consolidando aún más su liderazgo en innovación.

Fuente: Mejores Prácticas de IA[1]

2. Marketing: la transformación del marketing digital impulsada por la IA de Cosabella

Solución específica: Cosabella, una marca italiana de lencería de lujo, buscó mejorar sus esfuerzos de marketing digital mediante la automatización de la búsqueda pagada y las campañas en las redes sociales. Para lograrlo, la compañía se asoció con Albert, una plataforma de marketing impulsada por IA, para administrar y optimizar de forma autónoma sus estrategias de publicidad digital. Los algoritmos de aprendizaje automático de Albert analizaron grandes cantidades de datos para identificar clientes de alto potencial, optimizar la asignación de presupuesto y ejecutar campañas de marketing dirigidas en varios canales digitales.

Beneficios:

- **Aumento de los ingresos:** A los pocos meses de su implementación, Cosabella informó de un aumento del 50% en el retorno de la inversión publicitaria (ROAS), lo que indica unos gastos de marketing más eficientes y efectivos.
- **Mejora de la interacción con el cliente:** Las campañas impulsadas por IA condujeron a un aumento del 30% en la adquisición de nuevos clientes, lo que amplió el alcance del mercado y la base de clientes de Cosabella.

---

[1] General Electric Has Saved $80 Million over the Past Few Years by Integrating Supplier Data across Business Units Using Machine Learning," Best Practice AI, accessed January 12, 2025, https://www.bestpractice.ai/ai-case-study-best-practice/general_electric_has_saved_%2480_million_over_the_past_few_years_by_integrating_supplier_data_across_business_units_using_machine_learning_

- **Eficiencia operativa:** La automatización de los procesos de marketing redujo la necesidad de intervención manual, lo que permitió al equipo de marketing centrarse en las iniciativas estratégicas y el desarrollo creativo.
- **Escalabilidad:** La plataforma de IA permitió a Cosabella escalar sus esfuerzos de marketing sin un aumento proporcional del personal de marketing, lo que garantizó un crecimiento sostenible.

Fuente: Emerj Artificial Intelligence Research[2]

3. Ventas: Estrategias de ventas mejoradas por IA de Procter & Gamble

Solución específica: P&G implementó herramientas GenAI para crear presentaciones de ventas personalizadas, aprovechando vastos conjuntos de datos de consumidores. El sistema utiliza análisis de datos avanzados para adaptar los mensajes, las imágenes y las recomendaciones para cada segmento de clientes.

Beneficios:

- **Crecimiento de los ingresos: Las** estrategias de ventas mejoradas por IA mejoraron las tasas de conversión de los clientes en un 15%, lo que contribuyó directamente a aumentar las ventas.
- **Ahorro de tiempo:** La automatización de la generación de material de ventas redujo el tiempo de preparación en un 50%, lo que permitió a los equipos de ventas centrarse en la creación de relaciones y el cierre de acuerdos.
- **Satisfacción del cliente:** Las presentaciones personalizadas abordaron los puntos débiles específicos del cliente, mejorando el compromiso y la lealtad.

Fuente: PitchGrade[3]

---

[2] Lingerie Brand Leverages AI Automating Paid Search Social Media Marketing," Emerj Artificial Intelligence Research, accessed January 12, 2025, https://emerj.com/lingerie-brand-leverages-ai-automating-paid-search-social-media-marketing/

[3] Procter & Gamble AI Use Cases," PitchGrade, accessed January 12, 2025, https://pitchgrade.com/companies/procter-gamble-ai-use-cases

4. Servicio y soporte al cliente: el servicio al cliente impulsado por IA de Walmart

Solución específica: Walmart implementó chatbots impulsados por IA integrados en su plataforma de comercio electrónico para manejar las consultas de los clientes de nivel 1. Estos chatbots proporcionaron soporte en tiempo real, sugerencias de productos personalizadas y resolución de problemas.

Beneficios:

- **Ahorro de costos:** Walmart redujo los costos operativos del servicio al cliente en un 30%, ahorrando millones anualmente al automatizar las consultas de rutina.
- **Experiencia del cliente:** Los tiempos de respuesta más rápidos y las recomendaciones personalizadas aumentaron las puntuaciones de satisfacción del cliente en un 25%.
- **Escalabilidad:** Walmart podría manejar mayores volúmenes de interacciones con los clientes durante las temporadas altas de compras sin personal adicional.

Fuente: Gestión Bilderberg[4]

5. Finanzas: Iniciativa contra el lavado de dinero (AML) impulsada por IA de HSBC

Solución específica: HSBC se asoció con Ayasdi para implementar una solución basada en IA destinada a mejorar sus esfuerzos contra el lavado de dinero (AML). Los sistemas tradicionales de monitoreo de transacciones a menudo generan un gran volumen de falsos positivos, lo que lleva a un uso ineficiente de los recursos. Al aprovechar los algoritmos de aprendizaje automático, HSBC buscó automatizar y mejorar la precisión de las investigaciones de AML, reduciendo así la carga de trabajo manual y centrándose en las amenazas genuinas.

Beneficios:

- **Eficiencia operativa:** El sistema de IA redujo significativamente el tiempo y el esfuerzo necesarios para las

---

[4] AI-Powered Retail: A Case Study on Walmart's Success with Artificial Intelligence," Bilderberg Management, accessed January 12, 2025, https://www.bilderbergmanagement.com/ai-powered-retail-a-case-study-on-walmarts-success-with-artificial-intelligence/

investigaciones de AML, lo que permitió a los equipos de cumplimiento concentrarse en casos de alto riesgo.

- **Tasas de detección mejoradas:** Las capacidades mejoradas de reconocimiento de patrones condujeron a una identificación más efectiva de actividades sospechosas, fortaleciendo la postura de seguridad general del banco.
- **Cumplimiento normativo:** La implementación de procesos AML impulsados por IA garantizó el cumplimiento de las normas reglamentarias, minimizando el riesgo de sanciones por incumplimiento.

Fuente: Emerj Artificial Intelligence Research[5]

6. Operaciones: Optimización de la cadena de suministro impulsada por IA de Unilever

Solución específica: Unilever implementó un modelo de conectividad con el cliente impulsado por IA para mejorar sus operaciones de cadena de suministro de extremo a extremo. Al integrar análisis avanzados y aprendizaje automático, el sistema sincroniza los datos de ventas en tiempo real con los procesos de la cadena de suministro, lo que mejora la precisión de las previsiones y la eficiencia operativa.

Beneficios:

- **Mayor disponibilidad de productos:** El modelo impulsado por IA logró más del 98% de disponibilidad en los estantes durante un piloto con Walmart México, lo que garantiza que los productos estén disponibles para los consumidores.
- **Eficiencia operativa:** El sistema automatiza los procesos de planificación, reduciendo las intervenciones manuales en un 30% aproximadamente, lo que permite a los equipos centrarse en iniciativas estratégicas.
- **Sostenibilidad:** La distribución optimizada reduce el número de camiones en la carretera, lo que contribuye a

---

[5] Bank Reduces Money Laundering Investigation Effort with AI," Emerj Artificial Intelligence Research, accessed January 12, 2025, https://emerj.com/bank-reduces-money-laundering-investigation-effort-with-ai/

reducir las emisiones de carbono y respalda los objetivos de sostenibilidad de Unilever.

Fuente: Unilever[6]

7. Abastecimiento y adquisición: el abastecimiento sostenible impulsado por IA de Unilever

Solución específica: Unilever se asoció con Google Cloud para mejorar la sostenibilidad de su abastecimiento de materias primas, centrándose especialmente en productos básicos como el aceite de palma. Al integrar imágenes satelitales, computación en la nube e inteligencia artificial, Unilever desarrolló una visión integral de los bosques, los ciclos del agua y la biodiversidad dentro de su cadena de suministro. Esta integración tecnológica permitió el monitoreo en tiempo real de las prácticas de abastecimiento, asegurando el cumplimiento de estándares éticos y sostenibles.

Beneficios:

- **Sostenibilidad:** El sistema de monitoreo impulsado por IA permitió a Unilever detectar y abordar la deforestación y otras preocupaciones ambientales con prontitud, reforzando su compromiso con una cadena de suministro libre de deforestación para 2023.
- **Transparencia mejorada:** El uso de análisis geoespacial proporcionó a Unilever una visibilidad sin precedentes de su cadena de suministro, lo que facilitó una mejor toma de decisiones y participación de los proveedores.
- **Liderazgo en el mercado:** Al demostrar un fuerte compromiso con la sostenibilidad a través de tecnología avanzada, Unilever fortaleció su reputación de marca y atrajo a los consumidores conscientes del medio ambiente.

Fuente: Google Cloud[7]

---

[6] Utilising AI to Redefine the Future of Customer Connectivity," Unilever, accessed January 12, 2025, https://www.unilever.com/news/news-search/2024/utilising-ai-to-redefine-the-future-of-customer-connectivity/

[7] Unilever: Using AI to Transform Sustainable Sourcing," Google Cloud, accessed January 12, 2025, https://cloud.google.com/customers/featured/unilever

8. Gestión del talento: el proceso de contratación mejorado por IA de P&G

Solución específica: Procter & Gamble (P&G) renovó sus evaluaciones de contratación mediante la integración de herramientas impulsadas por IA para mejorar la experiencia del candidato y agilizar el reclutamiento. Tradicionalmente, P&G empleaba múltiples evaluaciones para puestos de nivel inicial y de gerencia media, incluidas evaluaciones de ajuste cultural y pruebas de capacidad cognitiva. Para modernizar este proceso, P&G colaboró con Modern Hire para desarrollar una "prueba de trabajo virtual", una evaluación multimétodo impulsada por IA que simula escenarios de trabajo de la vida real. Este enfoque proporciona a los candidatos una vista previa realista del puesto, al tiempo que permite a P&G evaluar las competencias de manera más efectiva.

Beneficios:

- **Mejora de la experiencia del candidato:** Las evaluaciones impulsadas por IA ofrecen un proceso de evaluación más atractivo y realista, lo que mejora la satisfacción del candidato y la percepción del empleador.
- **Eficiencia en la contratación:** La simplificación de las evaluaciones en una sola evaluación integral reduce el tiempo de contratación y la carga de trabajo administrativo.
- **Mejora de la precisión de la selección:** La simulación de las tareas laborales reales permite una mejor evaluación de la idoneidad de los candidatos, lo que conduce a contrataciones de mayor calidad.
- **Escalabilidad global:** La evaluación estandarizada de IA se puede implementar en varios países e idiomas, lo que garantiza la coherencia en la evaluación del talento en todo el mundo.

Fuente: Ejecutivo de RRHH[8]

---

[8] How P&G Transformed Candidate Experience," HR Executive, accessed January 12, 2025, https://hrexecutive.com/how-pg-transformed-candidate-experience/

APÉNDICE E: LEGISLACIÓN MUNDIAL EN MATERIA DE IA

A continuación, se presenta un resumen de la legislación sobre IA actualmente en vigor o propuesta, organizada por país de origen:

1. Reglamento General de Protección de Datos (RGPD) - Unión Europea

- **Estado:** En vigor (a partir de mayo de 2018)
- **Resumen:** El RGPD es una normativa integral de protección de datos que rige la forma en que las organizaciones recopilan, almacenan y procesan los datos personales de los ciudadanos de la UE. Si bien no es específico de la IA, tiene un impacto significativo en los sistemas de IA que dependen de datos personales. Los requisitos clave incluyen obtener el consentimiento explícito, garantizar la transparencia e implementar medidas para mitigar el sesgo algorítmico y la toma de decisiones automatizada injusta.

2. Ley de IA - Unión Europea

- **Estado:** Propuesto (se espera que se adopte en 2024)
- **Resumen:** La Ley de IA es el primer marco jurídico dirigido específicamente a la inteligencia artificial en la UE. Categoriza los sistemas de IA por niveles de riesgo (inaceptable, alto, limitado y mínimo) e impone regulaciones más estrictas a los sistemas de alto riesgo, como los que se utilizan en infraestructuras críticas o atención médica. Exige transparencia, solidez y responsabilidad en la implementación de la IA, con sanciones por incumplimiento.

3. Plan para una Carta de Derechos de la IA - Estados Unidos

- **Estado:** Propuesto (presentado en octubre de 2022)
- **Resumen:** Se trata de un marco no vinculante de la Casa Blanca que describe los principios para guiar el desarrollo y el uso de la IA, incluida la protección contra el sesgo algorítmico, la salvaguardia de la privacidad de los datos y la garantía de la transparencia en los sistemas de IA. Hace hincapié en los resultados equitativos y el control individual de las decisiones impulsadas por la IA.

4. Ley de Responsabilidad Algorítmica - Estados Unidos

- **Estado:** Propuesto (reintroducido en 2022)
- **Resumen:** Este proyecto de ley exigiría a las empresas que realicen evaluaciones de impacto de los sistemas de IA para identificar y mitigar los riesgos relacionados con el sesgo, la privacidad y la discriminación. Su objetivo es responsabilizar a las empresas por la implementación de algoritmos que afectan negativamente a las personas o perpetúan las desigualdades.

5. Ley de Inteligencia Artificial y Datos (AIDA) - Canadá

- **Estado:** Propuesto (presentado en junio de 2022)
- **Resumen:** Como parte del proyecto de ley C-27, AIDA busca establecer un marco para el uso responsable de la IA en Canadá. Se dirige a los sistemas de IA de alto impacto, lo que exige a las empresas que identifiquen, evalúen y mitiguen los riesgos, garanticen la transparencia y mantengan la responsabilidad de los sistemas de IA que puedan suponer un daño significativo para las personas o la sociedad.

6. Regulación de la IA en China

- **Estado: En** vigor (como parte de regulaciones más amplias sobre datos y algoritmos; a partir de marzo de 2022)
- **Resumen:** La regulación de China sobre los sistemas de recomendación algorítmica, supervisada por la Administración del Ciberespacio de China (CAC), exige transparencia en las operaciones algorítmicas y prohíbe las prácticas discriminatorias o manipuladoras. También exige que las plataformas divulguen los principios algorítmicos y permitan a los usuarios optar por no recibir recomendaciones personalizadas.

7. Marco ético de la IA de Australia

- **Estatus:** Directriz voluntaria (introducida en 2019)
- **Resumen:** El marco de Australia proporciona principios para el desarrollo ético de la IA, centrándose en la equidad, la responsabilidad, la privacidad y la transparencia. Aunque no es vinculante, sirve de guía para las empresas y los

responsables políticos a medida que adoptan tecnologías de IA.

8. Carta de Derechos de la Inteligencia Artificial de Brasil

- **Estado:** Propuesto (a la espera de la aprobación final en el Congreso)
- **Resumen:** Esta legislación se centra en regular el desarrollo y despliegue de sistemas de IA en Brasil. Su objetivo es garantizar la transparencia, la rendición de cuentas y la equidad, evitando al mismo tiempo las prácticas discriminatorias y protegiendo los derechos de los ciudadanos en las aplicaciones de IA.

9. La estrategia de IA de Japón

- **Estado:** Marco político (puesto en marcha en 2019)
- **Resumen:** La estrategia de IA de Japón hace hincapié en el desarrollo y la implementación de la IA para obtener beneficios sociales, incluido el apoyo a la población envejecida y la atención médica. Aunque no es jurídicamente vinculante, el marco describe las directrices éticas y los principios de gobernanza para garantizar que la IA se utilice de forma responsable.

10. Proyecto de política nacional de IA de la India

- **Estado:** Propuesto (en discusión desde 2020)
- **Resumen:** El borrador de la política de IA de la India se centra en aprovechar la IA para el desarrollo socioeconómico, al tiempo que aborda las preocupaciones éticas y legales. Incluye directrices para garantizar la transparencia, la equidad y la rendición de cuentas en los sistemas de IA, especialmente en sectores como la sanidad, la educación y la agricultura.

Este resumen refleja los diversos enfoques de la legislación sobre IA a nivel mundial, ya que algunos países se centran en principios éticos y directrices voluntarias, mientras que otros implementan marcos jurídicamente vinculantes para regular el desarrollo y el despliegue de la IA.

Rick Abbott

APÉNDICE F: LECTURAS ADICIONALES SUGERIDAS

Para profundizar en la comprensión de la IA generativa y su potencial transformador en los negocios, se recomiendan los siguientes textos y recursos. Estas selecciones cubren conceptos fundamentales, aplicaciones prácticas y consideraciones éticas para proporcionar una perspectiva completa sobre la adopción y la estrategia de la IA.

Libros

1. "Superinteligencia: caminos, peligros, estrategias" de Nick BostromUna lectura esencial sobre el futuro de la IA, que explora los riesgos y oportunidades de que la inteligencia artificial supere a la inteligencia humana. El libro analiza las implicaciones éticas y las estrategias para garantizar el desarrollo seguro de la IA.
2. "Prediction Machines: The Simple Economics of Artificial Intelligence" de Ajay Agrawal, Joshua Gans y Avi GoldfarbEste libro desmitifica la IA presentándola como una herramienta predictiva. Examina cómo las empresas pueden aprovechar la IA para la toma de decisiones y las mejoras operativas.
3. "Superpoderes de la IA: China, Silicon Valley y el nuevo orden mundial" de Kai-Fu LeeEste libro ofrece información sobre la carrera mundial de la IA, centrándose en cómo China y Estados Unidos compiten por dominar el panorama de la IA.
4. "The Master Algorithm: How the Quest for the Ultimate Learning Machine Will Remake Our World" de Pedro DomingosUna inmersión profunda en los algoritmos que impulsan los sistemas de IA y sus efectos transformadores en diversas industrias.
5. "Humano + Máquina: Reimaginando el Trabajo en la Era de la IA" de Paul R. Daugherty y H. James WilsonEste libro explora cómo los humanos y la IA pueden trabajar juntos para lograr resultados superiores, destacando la necesidad de colaboración entre humanos y máquinas.

Artículos y White Papers

1. **"El estado de la IA 2024" por Nathan Benaich e Ian Hogarth**
   Este informe anual ofrece una visión general de los últimos avances en IA, las tendencias del sector y el panorama de la inversión.
2. **"Inteligencia artificial y vida en 2030" del Estudio de cien años de la Universidad de Stanford sobre AIA Exploración exhaustiva de los impactos sociales a largo plazo de la IA, con un enfoque en los desafíos éticos y regulatorios.**
3. **"AI for the Real World" de Harvard Business ReviewEste artículo proporciona consejos prácticos sobre la implementación efectiva de tecnologías de IA dentro de las organizaciones.**
4. **"Generative AI in the Enterprise" de McKinsey & CompanyUn análisis detallado de cómo las empresas están adoptando la GenAI para impulsar la innovación y la eficiencia.**

Sitios web y plataformas en línea

1. **FuturePoint Digital**
   Enlaces a publicaciones de blog y documentos técnicos que cubren la IA desde lo teórico hasta lo práctico.
   https://futurepointdigital.com/
2. **Blog de OpenAIEl blog cubre los avances en modelos generativos como GPT, actualizaciones de investigación y aplicaciones prácticas de la tecnología de IA.**
   https://openai.com/blog
3. **Investigación sobre IA de GoogleUn centro de documentos de investigación, herramientas y tutoriales de IA de Google.**
   https://ai.google/research
4. **Hugging Face HubUn recurso para explorar modelos de IA preentrenados y API para el procesamiento del lenguaje natural y otras tareas.**
   https://huggingface.co
5. **Laboratorio de Ética de la IACondito a promover el desarrollo y la implementación éticos de la IA, ofreciendo marcos y herramientas para el uso responsable de la IA.**
   https://aiethicslab.com

Podcasts

1. **"AI Alignment Podcast" del Future of Life InstituteEste podcast explora la alineación, la seguridad y la ética de la IA, con entrevistas con destacados investigadores y responsables políticos.**
2. **"The AI Alignment Podcast" de Rob Wiblin**
   Un debate sobre cómo la IA impacta en la sociedad y la economía, con invitados expertos del mundo académico y de la industria.
3. **"Exponential View" de Azeem AzharSe centra en la intersección de la tecnología, la sociedad y la economía, con episodios sobre las tendencias e implicaciones de la IA.**

Estos recursos ofrecen información valiosa para los lectores interesados en explorar los matices de la IA y sus aplicaciones en los negocios y más allá.

APÉNDICE G: GLOSARIO DE TÉRMINOS

Este glosario proporciona definiciones de términos y conceptos clave discutidos a lo largo del libro, ofreciendo claridad y asegurando una comprensión más profunda del material.

IA y toma de decisiones: La aplicación de la IA para mejorar la toma de decisiones humana a través del análisis predictivo, la evaluación de riesgos y el modelado de escenarios.

Ética de la IA: Principios que garantizan la equidad, la transparencia y la rendición de cuentas en el diseño y el uso de los sistemas de IA.

Gobernanza de la IA: Marcos y políticas que supervisan el despliegue ético y eficaz de las tecnologías de IA en las organizaciones.

Liderazgo aumentado por IA: Liderazgo mejorado por herramientas de IA para mejorar el pensamiento estratégico, la toma de decisiones y la comunicación.

Algoritmo: Conjunto de reglas o pasos diseñados para resolver problemas o realizar tareas; fundamentales para los sistemas de IA.

Inteligencia General Artificial (AGI): Una IA teórica capaz de realizar cualquier tarea intelectual que un humano pueda realizar, con razonamiento, aprendizaje y adaptabilidad.

Inteligencia artificial (IA): Tecnología que permite a las máquinas realizar tareas que requieren inteligencia humana, como el razonamiento, el aprendizaje y el procesamiento del lenguaje.

Inteligencia Artificial Estrecha (ANI): IA diseñada para sobresalir en tareas específicas sin una comprensión contextual más amplia.

Superinteligencia Artificial (ASI): Una etapa hipotética donde la IA supera a la inteligencia humana en todos los ámbitos.

Sistemas autónomos: Sistemas que realizan tareas o toman decisiones de forma independiente utilizando algoritmos de IA.

Sesgo en la IA: errores sistemáticos causados por datos de entrenamiento sesgados, algoritmos defectuosos o sesgos humanos, que conducen a resultados inexactos o injustos.

Big Data: Grandes conjuntos de datos analizados para descubrir patrones e información, que forman la base de muchas aplicaciones de IA.

Racionalidad acotada: Concepto de toma de decisiones que sugiere que las elecciones están limitadas por las restricciones cognitivas, el tiempo y la información disponible.

Sesgo Cognitivo: Patrones de desviación del juicio racional causados por heurísticas o atajos mentales.

Computación cognitiva: Un subconjunto de la IA que imita los procesos de pensamiento humano para resolver problemas complejos, especialmente en el apoyo a la toma de decisiones.

Construcción de consenso: Un enfoque colaborativo de toma de decisiones para encontrar soluciones mutuamente aceptables en situaciones complejas o cargadas de conflictos.

Pensamiento creativo: la capacidad de generar ideas innovadoras, a menudo mejoradas por las herramientas de reconocimiento de patrones e ideación de la IA.

Pensamiento crítico: Evaluación sistemática de la información para tomar decisiones razonadas, apoyada en las capacidades analíticas de la IA.

Inteligencia Cultural (CQ): La capacidad de trabajar eficazmente en diversos contextos culturales, respetando las normas y los valores.

Aprendizaje profundo: un subconjunto de aprendizaje automático que utiliza redes neuronales con múltiples capas para procesar grandes cantidades de datos para tareas como el reconocimiento de imágenes.

Transformación digital: Integración de tecnologías digitales para cambiar fundamentalmente las operaciones organizacionales y la entrega de valor.

Liderazgo distribuido: Un estilo de liderazgo en el que varias personas comparten las responsabilidades de toma de decisiones para una mayor adaptabilidad.

Inteligencia Emocional (IE): Comprender y gestionar las emociones en uno mismo y en los demás; una habilidad fundamental para el liderazgo en contextos impulsados por la IA.

IA explicable (XAI): Sistemas de IA que proporcionan explicaciones comprensibles para sus decisiones, fomentando la confianza y la responsabilidad.

IA generativa (GenAI): sistemas de IA que crean nuevos contenidos como texto, imágenes y música, utilizando patrones a partir de datos existentes.

Redes generativas adversarias (GAN): Un tipo de GenAI en el que dos redes neuronales compiten para crear resultados realistas, como imágenes.

IA centrada en el ser humano: IA diseñada para priorizar las necesidades humanas y la alineación ética con los valores sociales.

Colaboración hombre-máquina: Asociaciones entre humanos y sistemas de IA, aprovechando las fortalezas de ambos para mejorar los resultados.

Modelo incremental: Un método de toma de decisiones que implica pasos pequeños y manejables en lugar de revisiones integrales.

Gestión del conocimiento: el proceso sistemático de capturar, compartir y aplicar el conocimiento organizacional, a menudo respaldado por la IA.

Leadership: The process of guiding individuals or groups toward achieving shared goals through vision and strategy.

Learning Organization: Organizations fostering continuous learning at all levels to adapt and evolve, supported by AI tools.

Machine Learning (ML): AI enabling machines to learn from data and improve their performance without explicit programming.

Neural Networks: Models inspired by the human brain, enabling machines to recognize patterns and make predictions.

Organizational Agility: The ability to adapt quickly to changes in the environment, facilitated by AI-driven tools.

Predictive Analytics: Statistical and AI-driven methods for forecasting future events based on historical data.

Reskilling: Training employees in new skills to adapt to changing roles and technologies, essential in AI-driven workplaces.

Scenario Analysis: A strategic method using alternative futures to prepare for challenges, enhanced by AI's predictive capabilities.

Sentiment Analysis: AI-powered interpretation of the emotional tone in text, widely used in customer feedback analysis.

Situational Leadership: A flexible leadership style adapting to team readiness and situational demands.

Strategic Planning: Defining an organization's direction and allocating resources to achieve long-term goals.

SWOT Analysis: Evaluating Strengths, Weaknesses, Opportunities, and Threats to inform strategic decisions.

Systems Thinking: Viewing organizations as interconnected systems, focusing on relationships between components.

Transformational Leadership: Leadership inspiring individuals to exceed expectations by fostering trust and creating a compelling vision.

Trust in AI: Confidence in AI systems' reliability, ethics, and transparency.

Vision Statement: A declaration of an organization's aspirations, guiding strategic planning and decision-making.

VUCA (Volatile, Uncertain, Complex, Ambiguous): Describes challenging environments requiring adaptive leadership and innovative thinking.

Workforce Augmentation: Using AI tools to enhance human productivity and creativity in the workplace.

.

ABOUT THE AUTHOR

Rick Abbott is a seasoned Senior Technology Strategist,
Transformation Leader, and author with a distinguished career
spanning over 30 years. He brings deep expertise across industries
including Telecommunications, Financial Services, Public Sector,
Healthcare, and Automotive. With a notable background in "Big 4"
consulting, Rick has held leadership roles such as Associate Partner at
Deloitte Consulting and Lead Technologist at Accenture. His
professional focus encompasses IT Strategy, Business
Transformation, Artificial Intelligence, and Multi-National IT
Portfolio Optimization, making him a trusted voice in navigating the
complexities of emerging technologies.

Rick holds a BS in Computer Science from Purdue University and has
completed advanced certification in Artificial Intelligence and
Business Strategy at MIT. As a forward-thinking leader, he has
spearheaded business transformation strategy initiatives, application
modernization efforts, and large strategic sourcing efforts. His
commitment to education and innovation is reflected in his work
establishing business Centers of Excellence and advising on strategic
sourcing and technology enablement. Rick's AI-focused publications
aim to demystify the technology and its applications, emphasizing
ethical considerations and the human-centered approach necessary
for AI to serve society responsibly.

In addition to his contributions to the field of technology, Rick is an advocate for holistic health and wellness. His passion for optimizing human performance extends into his writing, where he explores the science of nutrition, exercise, and mental resilience. A Jiu Jitsu Blue Belt, avid bowhunter, and experienced scuba and free diver, Rick embodies the balance of physical endurance, mental discipline, and a deep connection to nature. His commitment to healthy living informs his health and wellness books, designed to provide readers with actionable insights for improving their quality of life.

As the author of a growing series of books on Artificial Intelligence and health, Rick is dedicated to empowering readers to understand complex topics and make informed decisions for personal and professional growth. Whether exploring AI's transformative potential or uncovering the keys to long-term health, Rick's work is grounded in a passion for knowledge and a mission to share it widely.

Rick can be reached at Rick.Abbott@futurepointdigital.com or rick@360degreeview.com.